汽车后市场从业胜经

汽车 4S 店销售话术实战技巧

王子璐　编著

机械工业出版社

本书从一线销售人员的角度出发，以销售流程为内容编排逻辑，结合最常见的销售情景，介绍了汽车销售话术与技巧。全书分为客户接待、需求探询、车辆介绍、销售回访、异议处理、议价谈判、促销成交七个环节，通过50个汽车销售人员经常遇到的汽车销售问题进行阐述。书中每一小节都按照"情景呈现、错误话术、思路讲解、优秀话术"四部分进行讲解，其中，"情景呈现"以讲故事的形式描绘出汽车销售顾问面对的销售情景，通过错误话术分析、销售思路讲解和优秀话术示例，让读者既能结合实际的销售情景代入性学习，又能学习销售思路举一反三，同时从正反两个角度进行直观的话术呈现，帮助读者结合实际工作做到拿来即用，合理运用话术提升销售业绩。

本书适合汽车4S店和汽车经销商的汽车销售顾问、汽车销售主管、汽车销售经理，以及汽车销售管理人员、汽车销售培训师等阅读参考。

图书在版编目（CIP）数据

汽车4S店销售话术实战技巧／王子璐编著；—北京：机械工业出版社，2019.11（2025.1重印）
（汽车后市场从业胜经）
ISBN 978-7-111-64277-0

Ⅰ.①汽… Ⅱ.①王… Ⅲ.①汽车—专业商店—销售—口才学 Ⅳ.①F717.5 ②H019

中国版本图书馆CIP数据核字（2019）第268903号

机械工业出版社（北京市百万庄大街22号 邮政编码100037）
策划编辑：赵海青　　　责任编辑：赵海青　佟　凤
责任校对：张　力　陈　越　责任印制：郜　敏
北京富资园科技发展有限公司印刷

2025年1月第1版·第6次印刷
169mm×239mm·13.25印张·194千字
标准书号：ISBN 978-7-111-64277-0
定价：59.00元

电话服务　　　　　　　　　网络服务
客服电话：010-88361066　机 工 官 网：www.cmpbook.com
　　　　　010-88379833　机 工 官 博：weibo.com/cmp1952
　　　　　010-68326294　金 书 网：www.golden-book.com
封底无防伪标均为盗版　机工教育服务网：www.cmpedu.com

汽车 4S 店销售顾问的职业特征之一就是沟通，而沟通的一大特征就是情景化。无论是形式上还是内容上都随着情景的变化，充满随机应变的元素。我看到很多汽车 4S 店的销售顾问虽然学习了不少销售技巧，但面对实际销售情景的变化，应用时仍然显得力不从心。

汽车 4S 店销售的情景有着很多共同的特征。十多年来，我在对汽车 4S 店进行培训辅导过程中，反反复复地遇到过学员向我提出这些问题：

1）客户说"我随便看看"，怎么办？

2）客户进店直接问车价怎么办？

3）客户说"你们的车质量不好"，怎么办？

4）客户说"再便宜 3000 元我就定了"，怎么办？

5）客户说"我再和家人商量商量"，怎么办？

……

我写这本书，就是想写一本不同于以往那些单纯讲述销售技巧的书籍。我想把这些客户问了一次又一次的问题一一进行总结，从一线销售人员的角度出发，以销售流程为逻辑，结合最常见的销售情景，介绍汽车销售的技巧与话术。

书中的每一个小节都会有一段"情景呈现"，以讲故事的形式描绘出销售顾问常见的销售情景，帮助读者结合实际工作中相似的工作场景，合理运用话术。

全书分为客户接待、需求探询、车辆介绍、销售回访、异议处理、议价谈判、促销成交七个环节，通过 50 个最常见的销售情景进行阐述。

虽然绝大多数汽车4S店销售顾问在上岗前都经历过产品知识和销售技巧培训，但面对一些客户提出的棘手问题，即使把所学知识都用上，使出浑身解数，仍然难以让客户认同。其核心问题就是"只说不服"。

销售沟通的目标是说服客户，但很多销售顾问单纯地背"话术"，只起到了"说"的作用。如果不能让客户内心认同，恐怕"说"得越多错得越多。

我在本书每一问题的介绍中，重点是教给读者如何说服客户的话术。每一问题将分成情景呈现、错误话术及分析、思路讲解、优秀话术示例四部分进行讲解，让读者既能结合实际的销售情景，又能学习思路分析，同时从正反两个角度进行直观的话术呈现，可以拿来即用。

本书是《汽车4S店销售管理实战技巧》的姊妹篇。4S店的汽车销售模式特点是"短、平、快"，其核心目标就是"销量"。做好"销量"离不开两个要素：

1）管理者的营销管理能力提升。

2）销售顾问的销售技能提升。

六年前，我编著《汽车4S店销售管理实战技巧》的时候，将读者定位于汽车4S店的销售管理者，旨在从"战略"的角度提升汽车经销商的销售业绩。

今天，我编著的这本《汽车4S店销售话术实战技巧》，则是将读者定位于汽车4S店的销售一线人员，从"战术"的角度全方位、完整地介绍汽车销售方法。

两本书相结合，全面覆盖了汽车4S店销售领域的各个环节。

王子璐

2019年8月

目 录
Contents

前 言

第一章

CHAPTER

客户接待环节
——建立与客户之间的
信任感

问题 1

客户进店开口第一句话说什么?

01 情景呈现

王子璐是明星汽车 4S 店的新销售顾问。今天是他第一天上岗,站在展厅门口迎候客户的他既兴奋又紧张。这时候,两位 30 岁左右的男性客户来到了店门口。轮到王子璐接待了,他迎了上去,怯生生地问了一句。

王子璐:"先生,您好,请问看车吗?"

其中一位男客户小声地回了一句话。

客户:"嗯。"

然后,两位客户就径直走进了店里。

留下王子璐一人站在展厅的门口不知所措。

02 错误话术及分析

错误话术 1:

销售顾问:"您好,看车吗?"

分析 这是没话找话,客户来展厅不是看车还能干什么?客户刚刚进店,作为销售顾问,此时的销售目标是让客户感到舒适并记住你,为接下来的进一步沟通奠定基础。错误话术 1 是无法引起客户的兴趣的,客户最多冷冷地回答你一个"是"。同时,客户也会感到不受重视,更别说记住你是谁了。而且，无论客户是否回答你，当这句话说完了，销售顾问就失去了再次与客户沟通的机会。

错误话术 2：

销售顾问："您好，有什么可以帮到您?"

分析 这句话在服务行业用了很多年，看起来似乎没什么问题，但是，如果你转换一下角色，作为客户，你是很难立刻回答的。因为没有哪个客户习惯回答需要什么帮助的，所以这样的问话仍然是在没话找话，根本无法引起客户的兴趣，更别说让客户感到舒适并记住你了。

错误话术 3：

销售顾问（寸步不离地跟着客户）："先生，欢迎光临，我来给你介绍下我们最新款的车……"

分析 如果遇到比较强势有主见的客户，这种行为会让客户感到压抑、无所适从，甚至反感。

错误话术 4：

销售顾问（让客户自己看，不搭理客户）："……"

分析 这样做是怠慢客户，对客户不礼貌，会给客户留下不受欢迎、不被重视的感觉。

03 思路讲解

当客户第一次走进展厅时，销售顾问给他造成的印象直接关系到今后的销售成败。此时，销售顾问的"开口第一句话"就显得尤为重要。作为销售顾问，此时的目标是让客户感到舒适并记住你，为接下来的进一步沟通奠定基础。

销售顾问可以根据客户的年龄、服饰、口头语言、肢体语言、情绪、交通工具、通信工具、气质、行为九个方面的情况，适时与客户建立情感上的沟通，为后续销售奠定基础，让客户的心情放松，将客户引导向舒适区。

通过比较轻松的"开口第一句话"，目的是为后续的销售开启一扇窗，建立一座沟通的桥梁。除了语言上的处理外，还要注意"情绪"和"肢体语言"的有机结合，达到与客户有效沟通的目标。

与陌生客户建立良好的沟通，要避免以下两种情况的发生：

（1）让客户觉得不受重视

客户进到展厅很久了，还没有销售顾问注意他们，即使有销售顾问出来接待，也只是随便问几句，拿一些资料给客户自己看，把客人晾在一边，自己忙其他事情。

（2）让客户觉得太过热情

当客户还处在一种紧张、防御、尚未适应的状态时，销售顾问过于热情的接待，容易让他们无所适从。

04 优秀话术示例

优秀话术：

销售顾问（微笑）："先生您好，欢迎光临明星 4S 店（鞠躬），我是您的销售顾问王子璐，这是我的名片（递上名片）。"

分析 微笑、欢迎光临、鞠躬，这些语言和动作可以让客户感受到热情。自报姓名、递上名片，这些语言和动作可以加深客户的印象，让客户记住你。

问题2 🎤

客户进店一言不发怎么办？

01　情景呈现

王子璐是明星汽车4S店的销售顾问，这一天王子璐正在店门口值班，店外走来一位40岁左右的男性顾客。王子璐迎了上去。

王子璐："先生，您好！欢迎光临，有什么我可以帮到您吗？"

这位先生愣了一下，看了他一眼，并没多说话，径直走到了展厅里。

王子璐见客户没有开口，心想是不是自己不够热情，于是又凑了上去。

王子璐："先生，您看车吗？我给您介绍一下吧。我们现在最新上市的是A车型，这款车……"

话还没说完，王子璐发现这位先生并没听他介绍的意思，已经走到了B车前，拉开车门坐了进去。

热脸贴了冷屁股，王子璐只好悻悻地站到了一边。不一会儿，这位先生从车上下来，一句话没说就径直离开了。

唉，真不知道客户一句话不说，到底是怎么想的。

02　错误话术及分析

错误话术1：

销售顾问："您好，欢迎光临，我来给您介绍一下我们最新款的A车型……"

分析 面对沉默寡言、一言不发类型的客户，在没有了解客户需求的情况下，过度热情，不仅不能换来客户的好感，反而会让客户感到压力、不适，甚至快速地离开。

错误话术2：

销售顾问："……"（你沉默，我也沉默）

分析 销售顾问的过度热情，未必能换来客户开口。但销售顾问的沉默，一定是换来客户的离开。

错误话术3：

销售顾问："先生，欢迎光临，有什么可以帮到您?"

分析 开放式问题，没有哪个客户习惯回答需要什么帮助的。这样就会让陌生客户需要花过多的时间思考，难以快速做出回应。

错误话术4：

销售顾问："先生，您好！看车吗?"

分析 封闭式的问题，虽然能让客户短暂开口，但是，客户的嘴巴打开了，思维还没有打开。这时，也许大多数客户会回答一个"是"或者"嗯"。然后呢? 然后就没有然后了。

03 思路讲解

当客户第一次走进展厅时，销售顾问和客户之间彼此都是陌生的，因此销售顾问需要通过交谈去了解客户。

常见的客户有三种状态：

（1）主动交谈型

这类客户可以明确表达自己的需求，对销售顾问态度比较友好，可以直接切入产品的主题。对于此类客户，销售顾问相对容易展开后续的销售流程。

（2）异议挑刺型

这类客户也愿意主动表达，但表达的内容往往以提问，特别是对产品、价格的异议为主，喜欢挑刺。对于此类客户，销售顾问虽然不能像对第一类客户那样可以快速展开后续销售流程，但也能找到客户感兴趣的话题，只要能合理有效地解决客户的异议，依然可以按流程开展后续的销售。

（3）一言不发型

这类客户沉默寡言，不愿表达或很少表达，经常是自己观察，对于销售人员的问话往往也不爱搭理，或者简单应付。对于此类客户，销售顾问总是深感头疼。太热情了，担心客户反感；保持沉默，又担心容易丧失进一步销售的机会。

面对一言不发的客户，销售顾问的首要目标就是让客户开口。对于这类客户，销售顾问如果再只是简单地介绍或使用基本的礼貌用语是很难达到效果的。有效的技巧就是提出高质量的问题。

常见的问题有三种模式：

（1）开放式问题

示例1："今天中午你吃了什么？"

这类问题的优点是可以让回答者自由发挥，内容不受限定；缺点是回答之前需要先思考，对于有些不容易及时作答的问题，回答者有可能选择拒绝回答。对于陌生客户，尤其是自身不喜欢主动开口的客户，使用开放式的问题，容易让客户因为难以回答而放弃回答。

示例2："先生，您好！有什么可以帮到您？"

在中国的语言环境中，这个时候就很少有客户会主动开口说："请你帮我……"于是，很多客户选择了沉默。

作为销售顾问必须明白，有的时候客户一言不发或保持沉默，未必是客户真的想一言不发，而是销售顾问没有高质量的问话，没有办法打开客户的话匣子。

（2）封闭式问题

示例："今天中午你吃饭了吗？"

　　这类问题的优点是可以让回答者快速地做出回应，缺点是内容受到限定，回答之后很难再展开新的话题。对于陌生客户，尤其是不喜欢主动开口的客户，使用封闭式问题，虽然相比开放式问题更容易让客户开口，但客户开口之后却很容易再度回到沉默。

　　作为销售顾问必须明白，封闭式的问题虽然能让客户短暂开口，但是，客户的嘴巴打开了，思维还没有打开。

（3）选择式问题

　　示例 1："今天中午你想吃什么？中餐？法餐？日本料理？"

　　这类问题的优点是可以让回答者快速地做出回应，并且回答者的答案可以有效地框定在提问者的选项中，问题结束后可以由提问者继续主导话题。

　　对于陌生客户，尤其是不喜欢主动开口的客户，使用选择式问题，不仅可以让客户快速做出回应，同时回应的内容更大概率是限定在销售顾问可控范围内的。最重要的是，销售顾问此时此刻已经开始主导客户的思维了。

　　示例 2："先生，您看是我帮您介绍一下我们的车，还是您自己先随便看看？或者天这么热，咱们去休息区坐一坐，我给您倒杯饮料，咱们边坐边聊？"

　　这个时候，你会发现绝大部分的客户都会开口做出选择。因为，客户来到店里面看车选车，无非就这三种动作。而且，只要客户选择了"让销售顾问介绍"和"边坐边聊"这两个选项其中之一，都可以让话题进一步进行下去。如果有一些客户选择"随便看看"，本书在下一节介绍应对方法。

　　作为销售顾问必须明白，选择式的问题对于首次接触的陌生客户而言，是让客户开口非常有效的高质量问题。

04 优秀话术示例

优秀话术：

销售顾问："先生，您看是我帮您介绍一下我们的车，还是您自己先随便看看？或者天这么热，咱们去休息区坐一坐，我给您倒杯饮料，咱们边坐边聊？"

分析 选择式的问题对于首次接触的陌生客户而言，是让客户开口非常有效的高质量问题。不仅可以让客户快速做出回应，同时回应的内容更大概率是限定在销售顾问可控范围内的。最重要的是，销售顾问此时此刻已经开始主导客户的思维了。

问题 3 🎤
客户说"我随便看看"，怎么办？

01 情景呈现

王子璐是明星汽车 4S 店的销售顾问，这一天王子璐正在店门口值班，店外来了一对 30 岁左右的夫妇。王子璐快速地迎了上去。

王子璐："先生、女士，你们好！欢迎光临。有什么看好的车型吗？"

客户："谢谢，我随便看看。"

于是两位客户就一起走到了 B 车前。

王子璐："那有什么需要，您随时叫我。"

后来，王子璐看到那位先生和女士一直都在仔细看着车，不时地打开车门，打开发动机舱盖。可是，直到离开也没再和王子璐讲话。

02 错误话术及分析

错误话术 1：

销售顾问："那有什么需要您随时叫我。"

分析 这句话本身没有问题，但是如果销售顾问真的认为客户就是"随便看看"，始终等着客户叫自己，那么就很容易出现上文中的情景，客户看完了也就自行离开了。很多客户并不愿意主动叫销售顾问。

错误话术 2：

销售顾问："先生，我们的产品是非常专业的，随便看看你也看不明白，还是我来介绍吧……"

分 析 强行介绍只会增加客户的压力和不适感，让客户选择离开。

03 思路讲解

如果客户刚走进展厅，在销售顾问提出高质量问题前选择沉默不语，是因为销售顾问没有找到打开话匣子的方法，那么，在销售顾问已经明确提出"主动介绍""随便看看""到休息区"三个选项时，仍然选择"随便看看"，一定是客户自身有更多的想法。

客户带着一包现金或一张储蓄卡来到店里，肯定是有购车需求的。但是，为什么他仍然不愿意主动开口说话呢？

因为他害怕被欺骗！

客户进入一个陌生的环境，自然会先产生一种自我保护的心理。所以，他此时正在寻找一个可靠的人。他要把这笔钱交给那个可靠的人，换回他所需要的车。

客户说"随便看看"，主要的原因有以下三个方面：

1）客户到了一个陌生的环境，心中有不安全感，正在熟悉环境。

2）客户还不信任销售顾问，不愿意把想法说出来。

3）客户害怕失去主动权，装作很懂的样子。

此时此刻，如果销售顾问就此不再搭理客户，只会让客户更加没有安全感，最终丧失进一步沟通的机会；而如果过分主动地推销，又难以获得客户的信任。因此，此时销售顾问的核心目标，就是通过观察客户，找到最合适的契机再次与客户展开沟通。

常见的沟通契机有以下几类：

（1）当客户驻足观察某款车30秒以上

能够驻足观察，说明客户对这款车可能有点兴趣，这时候销售顾问便可以抓住时机，上前与客户"搭讪"，但不要急于介绍车。销售顾问可以这么说："先生，看您看这款车好久了。真有眼光，这是我们最热卖的车……"

（2）当客户查看车的型录

大多数汽车4S店展厅的展车前都会配有车的型录，当销售顾问发现客户开始查看型录时，便可以抓住时机与客户"搭讪"，但不要急于介绍车。销售顾问可以这么说："先生，看您一直在看这款车的配置，您可真专业啊，这个是简单的型录，我这里还有一份详细的配置说明，我拿给您……"

（3）当客户出现拉开车门、打开行李舱等动作

当客户与车发生肢体接触时，说明客户对这款车的兴趣比较大，这个时候就成为销售顾问与客户接触的好时机。协助客户打开车门，引导客户坐进车内感受等都可以成为与客户进一步展开沟通的好借口。经验丰富的销售顾问还可以根据客户完成这些动作的一些细节，发现客户的需求点，适时地引导推荐。

比如，一位女性客户在打开一辆SUV的行李舱后，由于身材娇小无法关闭。这时候，销售顾问一边协助客户关闭行李舱，一边说："现在很多SUV车行李舱掀开都比较高，对于我们身材娇小的女士而言，关闭起来比较困难，要是能够用车钥匙遥控关闭，您看会不会很好？"那位女士说："那当然好了。"于是销售顾问就顺势介绍了遥控关闭行李舱功能。

综上所述，客户说"随便看看"并不是真的不愿开口，而是因为"不信任"等原因，选择性地保持沉默。这个时候销售顾问既不能不理不睬，也不能过分热情，寻找时机再次找到沟通的契机是最佳的方法。

04 优秀话术示例

优秀话术1：

销售顾问（观察客户，发现客户驻足观察某款车超过30秒）："先生，看您看这款车好久了。真有眼光，这是我们最热卖的车型……"

优秀话术2：

销售顾问（观察客户，发现客户正在翻看车辆型录）："先生，看您一直在看这款车的配置说明，您可真是专业啊，这个是简单的型录，我这里还有一份详细的配置说明，我拿给您……"

优秀话术3：

销售顾问（观察客户，发现客户正要拉开车门）："先生，我帮你。您还可以坐进车辆里感受一下，小心碰头……"（用手为客户遮挡头部，顺势蹲下）

分析 与客户建立初步的沟通关键就是：好意、好话、好借口。面对"随便看看"的客户，就是要不断观察，找到更多进一步沟通的"好借口"。

问题 4

初次和客户接触，客户提不起兴趣，怎么办？

01 情景呈现

王子璐是明星汽车 4S 店的销售顾问，这一天王子璐接待了一位 50 岁左右的中年男性客户，客户并没有此前看好的车，只是想到店里来了解一下。于是，王子璐把客户带到了 A 型号的车前。

王子璐："先生，您看，这是我们现在最热卖的车。这款车采用了 V6 的发动机，动力十足。"

客户："哦。"

王子璐："另外，这款车采用的是 CVT 的变速器，换挡十分平顺。"

客户："哦。"

王子璐："……"

02 错误话术及分析

错误话术：

销售顾问（自顾自地介绍）："先生，您看，这是我们现在最热卖的车。这款车采用了 V6 的发动机，动力十足……"

分析 面对提不起兴趣的客户，不考虑客户的心理，单纯自顾自地介绍，只会让客户感到更加无聊。

03　思路讲解

销售顾问在卖力地介绍车，可客户怎么也提不起兴趣，没有感兴趣的话题是很难促成后续的成交的。

客户来买车，为什么会对销售顾问的介绍没有兴趣呢？

客户购买任何产品，并不仅仅是购买产品本身，实际上购买的是产品带给他的需求满足和好处。因此，简单的产品参数介绍，并不能有效提起所有客户的兴趣。比如，上文中提到的"V6 发动机""CVT 变速器"，这些都是产品的参数，未必是客户的兴趣点。甚至，有些客户根本都不了解这些专业的名词。

销售顾问在与客户进行初步沟通后，应该先找到客户的兴趣点，与客户聊他感兴趣的话题。特别要注意的是，客户感兴趣的话题既可以是与产品有关的，也可以是与产品无关的。即使是与产品有关的，往往也是产品的功能带给他的好处，而不仅仅是产品参数。

因此，面对提不起兴趣的客户，不要急于直接谈产品。只有先找到客户感兴趣的话题与客户流畅沟通后，才能更好地引导到产品的介绍环节。

常见的让客户感兴趣的话题有以下三种：

（1）客户的兴趣点

兴趣点是指客户的爱好、社会的热点、客户关心的人和事等。在与陌生人沟通的过程中，如果你可以准确地寻找到他的兴趣点，便很容易快速展开话题。

我们来看以下三个场景：

场景一：

销售顾问王子璐在引导客户停车的时候，无意中看到客户的车上放了一本书，书名是《道德经》，王子璐猜想这可能是客户最近正在阅读的书籍，自己刚好也阅读过《道德经》。于是，简单地与客户寒暄后，王子璐并没有急于去谈产品，而是问起了客户。

王子璐："张先生，我刚才无意中看到您车上有一本《道德经》，看来您对老子的思想很有研究啊。"

客户："最近在阅读这本书。"

王子璐："我也很喜欢老子的思想观点，尤其是他提到的无为……"

当谈到客户感兴趣的书籍时，他就开始滔滔不绝了。一来二去，王子璐和客户聊起了《道德经》，话题一下子打开了，等到再聊产品的时候，两人已经成了无话不谈的知己。这时候销售工作就变得容易多了。

场景二：

销售顾问王子璐接待了一位 50 岁左右的中年男性客户。

王子璐："先生，您准备买车是给自己开还是给家人开。"

客户："我是买给我儿子的，我儿子今年大学毕业，准备工作。"

王子璐："哇，您真有福气，您儿子是哪个学校毕业的啊？"

客户："北京大学。"

王子璐："太厉害了，您儿子看来是学霸级别的啊，您培养出这么优秀的儿子，一定没少花心思吧？"

客户："哈哈，我儿子非常争气的，从小啊……"

当谈到客户关心的人的时候，他就开始滔滔不绝了。一来二去，客户把自己的儿子着实夸赞了一番，王子璐就当了一回热心的听众。等到再聊产品的时候，销售工作就变得容易多了。

场景三：

一位 20 多岁的女性客户来到店里，身边还带了一只白色的比熊犬。小狗走起路来摇摇晃晃，非常可爱。

王子璐："哇，美女，您的小比熊太可爱了，我可以抱抱它吗？"

客户："你抱吧。"

王子璐（温柔地抱起小狗）："太招人喜欢了，它叫什么名字啊？"

客户："叫嘟嘟。"

王子璐："我也特别喜欢小狗，我家里也养了一只。我觉得你这个狗一看血统就特别好。"

客户："当然了，我们家嘟嘟是选美冠军呢！"

当谈到客户喜欢的宠物时，她就开始滔滔不绝了。一来二去，王子璐和这位客户成了爱狗的同道中人。等到再聊产品的时候，销售工作就变得容易多了。

（2）赞扬客户

兴趣点要靠销售顾问细心观察挖掘。如果一时还找不准客户明确的兴趣点，那么可以试着去赞扬客户，人们对于赞扬和褒奖的话，更容易产生兴趣。

我们来看以下两个场景：

场景一：

一位40岁左右的男性客户，开着一辆自己的旧车来到店里，在协助客户停好车，简单地寒暄过后。

王子璐："张先生，看您刚才停车，那么小的车位，居然一把就倒进去了，真是太厉害了，一看您就是专业的老司机。"

客户："哈哈，不瞒你说开车20多年了。"

王子璐："我说嘛，我在车行工作这么久，开车技术好的我见过，但能像您这样，这个车位一把进的，您还是第一个，一定有独门绝技吧？"

客户："过奖了，哪有什么独门绝技啊，我跟你说，我开车啊……"

场景二：

一位年纪在30岁左右，打扮非常精致的女性客户来到店里，王子璐接待了她，简单地寒暄过后。

王子璐："张小姐，我感觉到您身上喷得是香奈儿5号的香水，这可是款经典的香水啊。"

客户："这你都能发现。"

王子璐："呵呵，上次有一位事业特别成功的女性来到我们店，用的也是这款香水，是她和我介绍的。看来关注我们品牌的客户都是很有品位的啊！"

客户（已经笑得合不拢嘴）："哪里，哪里！你真会夸人。不过这款香水确实是懂得欣赏的人才能理解……"

大多数人都喜欢被夸奖和称赞，喜欢和欣赏自己的人交流，找到一个可以赞扬客户的点，便可以有效地引起客户的兴趣。

（3）请教客户

很多人都有一种"好为人师"的心理。有些人可能平时并不一定话很多，可一旦有人去请教他一些自己擅长的话题时，他就有兴趣了，于是就滔滔不绝了。

我们来看下面的一个场景：

张先生到店看车，但似乎对车并不大了解，销售顾问王子璐介绍了几款热门车的性能，张先生都不是很感兴趣。交谈中，王子璐得知张先生是从事金融行业工作的。

王子璐："张先生，刚才您说您是从事金融行业工作的。那我刚好向您请教一下。我最近看股票行情还不错，也在做一些投资，可是不怎么专业，不知您能不能给我现在的投资一些方向性的建议？"

客户："现在的行情切忌追涨杀跌，尤其是你们新入市的……"

王子璐："谢谢，谢谢！我今天真是遇到贵人了，您给我这么大帮助，选产品上我今天也一定帮您挑一款最称心如意的。"

04　优秀话术示例

优秀话术 1：

销售顾问："先生，我刚才无意中看到您车上有一本《道德经》，看来您对老子的思想很有研究啊！"

优秀话术2：

销售顾问："张小姐，上次有一位事业特别成功的女性来到我们店，用的也是和您同款的香奈儿5号香水。看来关注我们品牌的客户都是很有品位的啊！"

优秀话术3：

销售顾问："先生，刚才您说您是从事金融行业工作的。那我刚好向您请教一下。我最近看股票行情还不错，也在做一些投资，可是不怎么专业，不知您能不能给现在的投资一些方向性的建议？"

分析　面对讲话提不起兴趣的客户，不急于谈车。通过寻找兴趣点、赞扬、请教的方法，引起客户的兴趣。

问题 5 🎤

客户进店直接问车价怎么办？

01 情景呈现

王子璐是明星汽车4S店的销售顾问，有一天一位40岁左右的男性客户来到店里，进门就指向了 A 车。

客户："这车多少钱？"

王子璐："12.98 万元。"

客户："有优惠吗？"

王子璐："现在有3000元的国家节能惠民补贴。"

客户："这个又不是你们给的优惠，你们自己价格能优惠多少？"

王子璐："如果您今天定车，可以再优惠5000元。"

客户："有什么送的吗？"

王子璐："今天可以送一份价值5000元的全险。"

客户："还有吗？"

王子璐："还可以送一套价值3800元的360度全车影像。"

客户："还有吗？"

王子璐："最多再送套价值500元的贴膜。"

客户："还有吗？"

王子璐："没有了。"

02　错误话术及分析

错误话术1：

销售顾问："这辆车总价12万元。"

分析　面对进门就问价格的客户，切忌直接报价，而且报价尽量不要报整数。

错误话术2：

销售顾问："这辆车优惠价是11.2万元。"

分析　面对进门就问价格的客户，给出优惠的价格，在销售尚未开始时，销售顾问就丧失了一部分谈判议价的空间。

错误话术3：

销售顾问："优惠没有了，但是可以送贴膜。"

分析　面对进门就问价格的客户，切忌立即谈赠品，这样会给客户建立精品都是赠送的心理，对后续精品的推荐极为不利。

03　思路讲解

客户接询问价格是很正常的，但进店就询问价格往往都是惯性使然。此时，并没有确认客户是否要购车，购哪个型号或哪种配置的车。根本就没有进入议价的环节。

客户直接询问价格时，当销售顾问做出报价后，客户的下一个逻辑通常都是"太贵了，可以优惠吗？"这时，如果销售顾问再给出优惠的价格，那么在销售尚未开始，销售顾问就丧失了一部分谈判议价的空间。

同时，客户还会习惯性地索要赠品，此时如果销售顾问再继续给予赠送，就会让客户产生精品都是赠送的心理，对后续精品的推荐极为不利。

上述情景中的销售顾问，在完全不了解客户是否有购买产品意向和需求的时候，就给客户让利了一万多元，这在后面的销售中将非常被动。此刻的客户只是随意性的询价，销售顾问应采用"制约"的策略控制话题，而不是一味地报价与优惠。

常见的制约策略有以下几种方法：

（1）先谈产品再谈价格

当客户直接进门就问价的时候，不要立即报价，而是争取把话题转移到产品上来。比如：

客户："这车多少钱？"

销售顾问："先生，我们先不要急着讨论价格，先看看它适不适合您，要是不适合您，价格再低也没用，不是吗？"

如果客户回答说已经看好了，那就询问他是否到过别的地方看车，还可以询问别的地方看得怎么样。如果回答说没有看好，那就先把车子看好再谈价格优惠的问题。如果客户回答都看好了，销售顾问可以把话题转移到是否确认定车上来。比如：

销售顾问："如果价格优惠今天都好商量的啦，您打算今天就定车吗？"

把客户对价格优惠的关注，转移到对购车时间的关注上去，然后再就购车或提车时间做进一步的沟通。如果客户回答价格合适今天就可以定车，那么，销售顾问可以继续往精品推介和后续服务上引导。比如：

销售顾问："那好，那咱们看一下咱们购车保险需要购买哪些险种？另外贴膜选装哪个品牌？是否要加装全车影像……因为，您选的加装品不同，车辆的优惠幅度也会有不同。"

总之，就是要不断明确客户的真实需求，而不是一味地报价。

（2）大吃一惊报价法

对于有些明确表示不愿意先谈产品，一定要求报价的客户，也不必强求于产品的本身，那就给客户报价吧，但在报价前要加一句让客户觉得大吃一惊的制约话题。比如：

客户："这车多少钱？"

销售顾问："您真有眼光，这车可不便宜。"

这句回答看似简单，但是，瞬间降低了客户后期议价的心理预期，即使是报了价，也为后期价格协商或谈判埋下了伏笔。

（3）悲观暗示法

对于一进门就问优惠的客户，既不要直接拒绝，也不要直接报价。在报价前加一个悲观暗示的制约话题。比如：

客户："这车有优惠吗？"

销售顾问："哎哟，先生，您真是会选车呀，这可是我们店里最畅销的车型，现车没有几辆了，价格优惠也没多少了。"

这么一说，就会给客户一个暗示，要说价格优惠没有，那也是不可能的，有是有，只是不多了而已，降低了他对价格优惠幅度的期望，他在后期砍价就不太可能下手太狠。

04　优秀话术示例

优秀话术1：

销售顾问："先生，我们先不要急着去讨论价格，先看看它适不适合您，要是不适合您，价格再低也没用，不是吗？"

优秀话术2：

销售顾问："您真有眼光，这车可不便宜。"

优秀话术3：

销售顾问："哎哟，先生，您真是会选车呀，这可是我们店里最畅销的车型，现车没有几辆了，价格优惠也没多少了。"

分析 面对进门就问价格的客户，用"先谈产品再谈价格""大吃一惊报价法""悲观暗示法"的方法去"制约"客户。

第二章

CHAPTER

需求探询环节
——发掘产品推荐的方向

问题 6 🎙

不了解客户需求直接介绍车辆会有怎样的后果？

01 情景呈现

　　王子璐是明星汽车 4S 店的销售顾问，这一天王子璐接待了一位 30 岁左右的男性客户。王子璐把客户带到了一辆 SUV 前开始了介绍。

　　王子璐："张先生，您请看。我们这部 SUV 外观非常方正硬朗，发动机用的是 3.5T，动力强劲，很野性。特别适合您这样的霸道总裁的身份。"

　　客户："我想……"

　　客户没来得及开口，王子璐接着说。

　　王子璐："您想车更有男人味是不是？您可以给这款车加装个大包围，您看，那边就有我们改装好的展车。另外……"

　　王子璐一直滔滔不绝，没有停下来的意思，客户赶紧打断他。

　　客户："我这次是来给我太太选车的。"

　　王子璐："……"

02 错误话术及分析

错误话术 1：

销售顾问："张先生，我们这款车是卖得最好的车。"

　　分析 卖得好的确是产品的优势，但如果此前没有了解过客户的需求，不确定这类车是不是客户需要的，就一味推荐，往往都是没有效果的。

错误话术 2：

销售顾问："张先生，这款车太适合您了。"

分析 这句话的本身没有问题，但前提是已经了解了客户的需求。如果没有了解客户的需求就乱下定义，很容易闹出上文情景中的笑话。客户说："我这次是来给我太太选车的。"

错误话术 3：

销售顾问："张先生，您需要给车加个大包围吗？"

分析 没有经过了解客户信息和分析需求的推荐，往往都是事倍功半。

03　思路讲解

销售顾问对客户进行车辆推荐，一定要建立在了解客户需求的基础上。客户买车，是要买车带给他的好处。如果能满足客户的需求，哪怕技术再强大，介绍得再天花乱坠，也是徒劳。所以，销售顾问在做产品介绍之前，应该先主动去了解客户的需求点。

在探询需求的环节，销售顾问常犯的错误主要有以下三点：

（1）滔滔不绝，不给客户说话的机会

在销售需求探询的环节中，销售顾问与客户交谈对话的比例应该是3:7。销售顾问讲话仅仅占整个交谈内容的30%，而把70%的话语权留给客户，这样销售顾问才能通过客户的表述，更有效地了解其真实需求。

然而，很多销售顾问在交谈的过程中，把握不好这个度。一旦开口，话匣子就收不住，生怕自己介绍得不够完美。试想，每个客户各不相同，需求点自然也各异。如果销售顾问不能让客户充分表达，又怎能了解其内心需求呢？

（2）未了解清楚需求，直接介绍产品

每款车的功能参数都非常丰富，销售的过程中不可能也没有必要把每一项功能都一一介绍。这样一来浪费时间，二来对于本身专业度不强的客户，介绍内容越复杂，反而越难以理解，甚至产生歧义。因此，产品介绍不求面面俱到，只求客户想要。

每个客户想要的不尽相同，只有清楚了解客户的具体需求，才能根据需求的特征，选择合适的产品优势点进行介绍。

（3）把自己的需求当成客户的需求

销售顾问在销售的过程中，容易犯想当然的错误。比如，某款车的某个技术亮点他自己特别喜欢，或者之前有很多客户赞不绝口。他就把自己的需求点或者其他客户的需求点，当成每一个客户的需求点。

同样的一款车，每个客户想要的需求点未必相同。有的客户喜欢这款车的外观，有的客户喜欢这款车的空间，也有的客户喜欢这款车的动力。明明是关注动力的客户，你把外观介绍得天花乱坠也是徒劳。

因此，销售顾问在需求探询环节，要避免犯以上三个错误。少说多听，因人而异，先了解需求，再介绍产品。

04 优秀话术示例

优秀话术：

销售顾问："张先生，您购车是自己开吗？"

客户："是的。"

销售顾问："选这款车的很多客户，都喜欢户外越野，您也是这样吗？"

客户："是的。"

销售顾问："玩越野的朋友都有一些自己的特别偏好，比如，有喜欢爬坡的，有喜欢过泥泞道路的，有喜欢走山路的。您平时玩越野都喜欢怎么玩啊，可以给我分享一下吗？"

客户："我最喜欢沙漠冲沙的感觉了，特别是黄昏时分，车子在沙漠里起起落落，感觉太美了。但是，这就要求车子……"

分析 整段话术，销售顾问没有做任何产品的介绍，而是想办法让客户多表达。"可以给我分享一下吗？" 这就是一句很好的让客户开口表达的话术。于是，客户兴致勃勃地聊起了沙漠冲沙的场景，同时自然而然地就把对车辆性能的需求点展现出来了。

问题 7
客户购车的需求包括哪些?

01 情景呈现

王子璐是明星汽车4S店的销售顾问,这一天一位25岁左右的男性客户来到店里。王子璐接待了他。

王子璐:"张先生,有已经看好的车型吗?"

客户:"还没有。"

王子璐:"那您对于选车有哪些需求呢?"

客户:"哪些需求?要好看。"

王子璐:"那您看看我们 A 款车怎么样?"

客户:"这不是我喜欢的样子。"

王子璐:"您对动力有要求吗?"

客户:"当然,动力越强越好。"

王子璐:"那您可以看看我们的 D 款车,可是4.0T 的发动机呢。"

客户:"这款车对我来说太贵了。"

02 错误话术及分析

错误话术1:

销售顾问:"张先生,您对于选车有哪些需求呢?"

分析 客户的购车需求并不是简单的一个点,而是由多个方面组成。这样的询问非常不自然，让客户很难准确回答，也就很难全面了解客户的需求。

错误话术 2：

销售顾问："张先生，您对于动力有要求吗?"

分析 哪个客户会说没有呢? 谁都希望自己选的产品性能更好。但是，动力只是产品的性能，并不是客户的需求。客户要求车的动力强，可能是因为经常跑高速需要快速超车，也可能是因为平时驾驶的路况不好，或者因为平时载人载货较多。客户的需求体现在客户在使用产品过程中满足他的利益，而不是产品自身的性能。探询需求，切勿本末倒置。

03 思路讲解

了解客户的购车需求要全面，要有逻辑性，循序渐进地进行探询。不能只了解一个点或几个点就开始盲目地介绍产品，更不能只是简单地问一句："您有哪些需求?" 需求是发掘出来的，大多数客户是不会把需求写在脸上的。

销售顾问需要了解的客户购车需求，主要包括以下几点:

（1）品牌的需求

购车客户有着怎样的品牌偏好。是豪华品牌? 合资品牌? 还是自主品牌? 是德系品牌? 日系品牌? 还是美系品牌? 品牌的需求与预算的需求决定着车型的需求。比如，30 万元左右的购车预算，如果在豪华品牌中选择，大致可以选择一辆入门级的车型，但如果在合资品牌中选择，则可以选一辆中高级的车型了。

（2）车型的需求

车型的需求是购车的关键。紧凑型车? 中型车? SUV? 不同的购车用途决定着不同的车型需求。

（3）外观内饰的需求

对于很多客户来说，外观、内饰是汽车让人第一眼看上去是否会称心如意的重要标准。

（4）性能的需求

不同的购车用途，决定着客户对于汽车性能的需求。有要求动力强的，有要求换挡平顺的，也有要求有智能系统的。

（5）用车人的需求

购车人不一定就是用车人。有的是为家人选车，有的是为朋友选车，也有的是为公司选车。销售顾问首先要清楚用车人的角色，继而了解用车人的需求。

（6）决策人的需求

对于绝大多数家庭而言，购车是一个需要综合考虑的大事情。家庭购车的参与者很多，但最终的决策者往往只有一个。购车决策者未必就是最终的用车人，但决策者的需求对于最终的成交影响很大。比如，父母亲为孩子买车，虽然最终的用车人是孩子，但父母亲作为决策人，他们的需求同样有着巨大的影响力。

（7）购车预算的需求

购车的预算，决定着最终的车型可选择范围。但预算并不是绝对不变的，在能力可及的范围内，只要能更好地满足客户的需求，客户预算也是可以发生浮动的。

（8）付款方式的需求

付款方式的不同，决定着4S店销售利润的不同，后期协商议价的空间也有所不同。如果客户选择按揭付款，在车辆配置的选择上可以推荐更高端的配置，提前消费，一步到位。

04　优秀话术示例

优秀话术：

销售顾问："张先生，是自己用车？还是给爱人开呢？"

客户："就我自己用。"

销售顾问："所以只要您觉得合适就可以是吗?"

客户："那当然了。"

销售顾问："张先生,来到我们店,是因为在品牌方面更倾向于豪华品牌吗?"

客户："对的,我非常喜欢你们品牌。"

销售顾问："太感谢您了,您真有眼光。您刚才提到您想看SUV,所以轿车就完全不再考虑了,对吗?"

客户："是的。"

销售顾问："有大致的预算范围吗?"

客户："50万元左右。"

销售顾问："您是准备全款还是按揭呢?按揭可以让预算范围更充裕一些。"

客户："全款就可以了。"

销售顾问："平时您用车主要是开城市道路,还是会去走一些路况较差的地方呢?"

……

分析

1)销售顾问全面地了解了客户的需求点。

2)销售顾问对每一个需求点的了解,按照逻辑循序渐进。

3)销售顾问在探询需求环节,与客户的对话要非常流畅、自然。

问题 8
哪些信息可以帮我们了解客户需求?

01　情景呈现

王子璐是明星汽车 4S 店的销售顾问,这一天王子璐接待了一位 20 岁左右的女性客户。这位客户对车的基本知识并不是特别了解,对于销售顾问又有很强的防范意识。

王子璐:"陈小姐的购车预算是多少?"

客户:"干吗上来就问钱?"

王子璐:"那您选车更看中哪个方面呢?"

客户:"都看中。"

王子璐:"那您是全款还是按揭呢?"

客户:"怎么老问钱的事啊?!"

王子璐:"哦,对不起。我就是想帮您选车啊,可您不告诉我,我就无能为力了。"

02　错误话术及分析

错误话术 1:

销售顾问:"您选车看中哪个方面?"

分析　探询需求没有错,但客户不是每个需求点自己都非常清楚,都能够脱口而出。对于对车辆不大了解的客户,这样问是很难发掘出其真实需求的。

错误话术 2 :

销售顾问 : "陈小姐的购车预算是多少?"

分 析 预算、付款方式这类话题本来就很敏感,对于防范意识很强的客户,在没有任何铺垫的情况下,这样直接发问,是很难得到客户的回答的。

03 思路讲解

需求有表面需求和潜在需求之分。对于大多数客户而言,表面的需求是非常明确和清晰的,也很容易直接表达,但潜在的需求相对模糊,有时客户也难以明确说出。这就需要销售顾问通过一些有效的客户信息来挖掘其需求。

还有一些需求点,很重要但过于敏感,比如预算。有些客户即使自己很清晰也不愿告知。这种情况,同样需要销售顾问通过了解客户的有效信息,去判断客户的需求。

销售顾问需要了解的客户信息主要包括以下几个方面 (表 1) :

表 1   销售顾问需了解的客户信息

客户信息		内容
基本信息	1	姓名
	2	性别
	3	年龄
	4	职业
	5	家庭特征
拓展信息	1	购车用途
	2	消费偏好
	3	用车场所
	4	个人爱好

一、基本信息

（1）姓名

姓名是最基本的客户信息，也是销售顾问为客户服务过程中对客户礼貌称呼的基础。

（2）性别

性别不同决定着客户对车辆的选择不同。一般来说，男性客户更倾向于汽车的性能，而女性客户则更倾向于汽车装饰与外观。

（3）年龄

年龄不同也决定着客户对车辆的选择不同。一般来说，年轻的客户看中汽车的外观与性能，而年龄较长的客户则更看重车辆的功能便捷性，比如电动开启行李舱、一键起动等。

（4）职业

通过客户的职业既可以了解客户对产品的需求取向，也可以大致判断客户的购买方式。比如，像公务员、教师这类有着稳定收入的群体，就可以向他们推荐更高档次的车辆，建议客户"一步到位"。

（5）家庭特征

客户是单身贵族还是二人世界，或是三口之家，再或与父母同住都决定着客户在使用车辆的不同需求点。

二、拓展信息

（1）购车用途

购车用途是了解客户对于车辆的需求的决定性信息。一般来说，以普通的市内代步为用途的客户，特别重视车辆的外观与内饰。而经常跑长途的客户，则会对车辆安全与养护非常关心。跑"滴滴"的网约车司机，在乎车的油耗。户外越野爱好者，关心车的动力。

（2）消费偏好

客户对于其他产品及品牌的消费偏好也可以看出他对于车辆消费的需求与偏好。比如：一个喜欢运动品牌服饰的客户，就可以给他推荐运动感强的车型；而一个追求品质消费的客户，则可以为他介绍更高端的内饰或智能系统。

（3）用车场所

了解客户的用车场所可以有效地了解客户对汽车产品性能的需求。比如，对于经常跑越野、工地及其他复杂路况的客户，就可以强调车辆的稳定性与安全性。

（4）个人爱好

车是一个人或一个家庭生活半径的延伸，个人爱好同样也可以从侧面反映出客户的需求。比如：一个喜爱户外运动的客户，会经常开着他的爱车去野外自驾；一个喜欢酒吧、KTV 等夜生活的客户，通常更在乎车的外观。

总之，对于客户那些本身不够清晰的需求点，销售顾问要通过了解客户的有效信息，去判断客户的需求。

04 优秀话术示例

优秀话术：

销售顾问："张先生，看您的气质应该是公务员吧。"

客户："你看得真准，我是公务员。"

销售顾问："那您平时用车主要是上下班代步了？"

客户："是的。"

销售顾问："我看您刚才开了辆红车过来，那是您太太的车吗？"

客户："是的。"

销售顾问："所以，新买的这台车就是您一个人用，对吗？"

客户："是的。"

销售顾问："平时上下班堵车严重吗?"

客户："特别严重。"

销售顾问："经常堵车脚要一直踩在刹车⊖一定很难受吧?"

客户："是的,没办法啊。"

销售顾问："如果有一台带有自动刹车⊜系统配置的车,帮你在堵车时放松您的右脚,您觉得怎么样?"

客户："那当然好了,但是价格会不会超出我的预算?"

销售顾问："您是公务员嘛,可以很容易申请到按揭支付的付款方式。即使价格超了一点点,如果您选择按揭支付,应该也没什么问题的。"

客户："那这样太好了。"

分析 销售顾问在探询需求的环节中,并不是一味赤裸裸地询问,而是通过客户的信息,了解客户的需求。比如,通过经常堵车,判断出对"自动刹车系统"的需求点;通过公务员的职业特征,判断出"按揭支付"的付款方式。

⊖ 刹车,行业专业术语为制动踏板,此处是口语表达中的通俗说法。
⊜ 此处指制动。

问题 9

如何了解客户的购车需求？

01　情景呈现

王子璐是明星汽车 4S 店的销售顾问，这一天王子璐接待了一位 20 岁左右的男性客户。客户看上了一台时尚型的 SUV。

王子璐："张先生，您可以考虑带导航的高配版的车型，导航是咱们行车必备的。"

客户："导航，我觉得还是手机导航比较方便。"

王子璐："那您需要加装车辆的大包围吗？这样整个车的外观可以显得特别霸气。"

客户："这个，我觉得不用了。"

王子璐："那也没关系。那您看看我们购车有金融贷款服务，而且现在有优惠，利率和手续费特别低……"

客户："不用了，我一次性付全款就好了。"

王子璐："……"

02　错误话术及分析

错误话术：

销售顾问："张先生，您需要给车加个大包围吗？"

分析　用封闭式的问题探询客户需求，很难让话题展开下去。客户如果回答一个"不需要"，这个话题就被"堵死"了。但是客户嘴上回答"不需要"，并不等于客户真的没有这方面的需求，而是，销售顾问还没有把他潜在的需求发掘出来。

03　思路讲解

了解客户的购车需求，不是一蹴而就的。上一节我们提到过，需求有表面和潜在之分。表面需求很容易发现，但是真正要用产品满足客户，是要触及他的潜在需求的。客户自身也难以准确表达其潜在需求，或者不便于表达。此时，就要求销售顾问不断地引导客户，层层发掘。

引导客户的常见方法有以下三种：

（1）多用开放式的问题

前面的章节，我们有讲解过开放式问题。这类问题的优点是可以让回答者自由发挥，内容不受限定。当销售进程转入探询需求的环节之后，目标就是让客户能够充分地表达。封闭式问题虽然易于回答，但很容易让客户思维受限，话题很难进一步开展下去。在这个环节多用开放式的问题，可以给客户更多自由表达的机会，帮助销售顾问在客户的表达中寻找客户的需求点。比如，销售顾问："张先生，平时您用手机导航，有没有什么觉得不方便的地方?"

（2）由表及里地探询需求

了解客户的需求，就好像剥洋葱一样，要一层一层地去深度发掘。有的时候，你貌似看到了客户的需求，但那可能只是表面的需求。如果你能够基于表面的需求，发掘客户的潜在需求，说不定就可以用更多的产品、更多的功能去满足他。

在销售领域，有一个经典的故事。讲的是一位老太太在市场上买橘子。第一个卖橘子的小贩对她吆喝："老太太来看一看，我的橘子又大又甜。"老太太并没有理会他。

第二个卖橘子的小贩对她说："老太太来看一看，我的橘子有甜的有酸的，您喜欢哪一种?" 老太太说: "你给我称一斤酸的吧。"

过了几天，老太太又来买橘子，遇到了第三个小贩。这第三个小贩，起初和第二个小贩一样，问老太太要甜橘子还是酸橘子。然而，当他一边给老太太称酸橘子的时候，一边又问: "老太太，很奇怪，大多数客户买橘子都要甜的，您为什么会选择酸的?" 老太太告诉他说: "小伙子，因为我儿媳妇怀孕了，要给我生大胖孙子了，孕妇喜欢吃酸的，我是买给我儿媳妇吃的。" 第三个小贩又说: "恭喜您，老太太，马上要抱孙子了。您知道吗，要给胎儿增加营养，除了橘子，还有很多水果也非常重要。比如猕猴桃、苹果之类的。" 老太太听了，又兴致勃勃地称了几斤苹果和猕猴桃。

通过故事，我们可以看出，第一个小贩没有了解老太太的需求，只是一味地推销又大又甜的橘子，所以没卖出去。第二个小贩了解到老太太需要酸橘子的需求，所以卖了一斤橘子，但他了解的也只是表面的需求。第三个小贩在了解表面需求的基础上，由表及里地进一步挖掘，发现了老太太的潜在需求在她还未出生的大胖孙子身上。这时候，他再推荐产品的时候，满足老太太需求的就不仅仅只有橘子了。

卖车也是一样。客户说 "我要四驱的" "我要涡轮增压的" ……这些都还只是表面的需求。通过由表及里地发掘，能让客户更深更多的需求显现出来。

（3）多谈客户的个人问题

销售顾问在与客户的交谈中，自然而然更多提到的是车的优点和好处。但客户所要买的并不是车的本身，而是用车中给自己带来的价值。客户的需求更多的来自于自身，而不是车的功能或参数。因此，在探询客户需求的环节中可以多谈一下客户个人的问题，比如爱好、习惯、职业等，从这里寻找客户用车过程中的需求点。

04 优秀话术示例

优秀话术:

销售顾问: "张先生，经常喜欢去野外自驾游，是吗?"

客户："是的。"

销售顾问："那去陌生的地方使用 GPS 导航的频次多吗?"

客户："那当然了。"

销售顾问："那张先生以前都是用哪种导航,车载导航还是手机导航?"

客户："我以前都用手机导航。"

销售顾问："那用手机导航有没有什么感到不方便的地方,比如接电话、充电之类的。"

客户："是的,来电话时不大方便,而且耗电快,另外手机屏幕也比较小,放置也不大方便。"

销售顾问："您使用 GPS 导航的频次这么多,手机导航又有诸多不便,为什么当初没有选择一款车载导航呢?"

客户："车载导航也有弱点,比如更新不及时,无法显示实时路况。"

销售顾问："那如果有一款车载导航可以及时更新并能显示实时路况,你是会选择手机导航还是这款车载导航呢?"

客户："如果价格合适,我肯定选择车载导航。"

分析 整段话术,销售顾问没有做任何的推荐,只是在不断地向客户提问。然而,就是在问的过程中,一步一步地寻找到客户的需求点。尤其是销售顾问在明确客户对手机导航的不满意点后,并没有马上去推荐有车载导航配置的车型,而是让客户告知自己对车载导航存在的疑虑点。这样销售顾问在后续推荐产品时,可以先行帮助客户解决其疑虑点。优秀的销售,只要有效地探询需求,产品就很自然地推荐出来了。因此,客户最后才会主动说出:"如果价格合适,我肯定选择车载导航。"

问题 10 🎤

如何了解客户的预算？

01　情景呈现

　　王子璐是明星汽车 4S 店的销售顾问。这一天，王子璐在给一位 20 多岁的女性客户介绍车辆。客户已经选中了一款车型，但对配置选择还在犹豫中。得知客户是新手上路，王子璐向客户推荐了带有智能系统的顶配版车型。

　　王子璐："陈小姐，我建议你选择我们的顶配车型。因为您选择了这一配置，不仅有车载导航功能，还有安卓系统的娱乐功能，更重要的是，它有 360 度的全景影像，这样可以 360 度无死角监控到车外……"

　　客户："不错，这款顶配车型多少钱？"

　　王子璐："这款您现在定，优惠价只要 288000 元。"

　　客户："多少？"

　　王子璐："288000 元啊。"

　　客户："我之前问的不是才 228000 元。"

　　王子璐："您要的 228000 元的也有，这是基础配置版的……"

　　客户："差这么多价格，那基础配置的不会质量不行吧？"

　　王子璐："您预算是多少呢？"

　　客户："……"

　　王子璐："您为什么不肯告诉我您的预算呢？这我怎么好为您推荐啊？"

02 错误话术及分析

错误话术1：

销售顾问："您为什么不肯告诉我您的预算呢?"

分析 这样说话的语气太生硬，有埋怨和强迫的成分，让客户感觉销售人员很不耐烦。

错误话术2：

销售顾问："您告诉我没关系的，不就是一个数字嘛!"

分析 这样说话的语气太具有挑衅性，容易引起客户的不满。

错误话术3：

销售顾问："您告诉我吧，否则我很难为您推荐合适的车。"

分析 这句话含有威胁客户的成分，透露出"假如您不说出预算，我就停止服务"的意思，这样只会令客户更加反感。

03 思路讲解

了解客户的预算，对于销售顾问有效地推荐产品非常重要，尤其是对于汽车的销售。因为，汽车车型丰富，每款车型的配置又各不相同，可加装的精品繁多，付款方式可全款、可分期。一个要素有差别，最终的价格就可能有很大的差别。

作为销售顾问，当然都愿意去推荐价格相对较高的车型和配置了。可是如果销售顾问不了解客户的预算和价格预期，一味地去推荐顶级的产品，就很容易产生上述情景中的问题：客户无法接受过于昂贵的产品，然而当销售顾问再去推荐相对便宜的产品时，会给客户带来极大的心理落差，甚至担心产品的质量问题。

销售顾问在推荐产品前，一定要先了解客户的预算，再根据预算做有效推荐。但是，比起其他信息，客户通常不愿意主动透露他们的预算。他们往往认为，如果提前暴露了预算，就等于主动放弃了讨价还价的余地，担心销售人员掌握价格上的主动权，从而伤害自己的利益。

因此，在没有互相信任的情况下，销售顾问无论怎样套话，客户都不愿意说出预算。为了让客户抛开顾虑说出预算，销售人员需要耐心解释询问原因，并给出自己的专业建议，从而获得客户的信任。

04 优秀话术示例

优秀话术：

销售顾问："陈小姐，我希望您不要有顾虑。公司请我来，就是要为您提供更好的服务的。买车就和点菜一样，不同的人需求差异太大了。就以这款车的不同配置为例，目前可供选择的配置太多了，同款车型配置不同，价格差异也很大。面对词典一样的说明书和搞不懂的数据，您可能就挑花眼了。而我们销售顾问就像餐厅里的点菜员，可以根据您的要求和消费额度给您专业的建议。不但为您节省时间，还让您明明白白地消费。您看，您期待的价位是？"

┌─────┐
│ 分 析 │
└─────┘

1）理解客户的顾虑，对提出这个问题表示歉意。

2）向客户说明询问预算的理由。

3）给客户解释时尽量诚恳。

问题11
如何了解客户是否是购买的决策者？

01　情景呈现

王子璐是明星汽车4S店的销售顾问。这一天上午9:00，王子璐接待了一位30岁左右的男性客户。客户的购买意愿看起来非常强烈。王子璐带着客户又是介绍，又是试乘试驾，忙得中午饭都没来得及吃。

转眼，已经到下午3:30了，了解好了车辆，选配好了精品，谈判好了价格，王子璐想：忙了一天终于可以成交了。于是，他来到办公室拿出了销售合同，来到客户面前。

王子璐："张先生，您对今天的车辆选择还有什么其他问题吗？"

客户："没有了。"

王子璐："那您对我今天的服务满意吗？"

客户："非常满意。"

王子璐："谢谢！那您看没问题的话，咱们今天把销售合同签了吧？"

客户："这个，今天我还不能和你签。"

王子璐："为什么？不是没有什么问题了吗？"

客户："买车这个事，我要回家和太太商量一下。"

看到一天的努力，不能立刻成交，王子璐有些失落，更有些着急。

王子璐："买车不是您决定吗？"

客户："我们家这类事是我太太做决定。"

02　错误话术及分析

错误话术 1：

销售顾问："这款车您满意吗?"

分析 问题问得太晦涩，容易让客户随口应付，了解不到购买决策者的真实信息。

错误话术 2：

销售顾问："您可以自己做主吗?"

分析 这种提问语气生硬，没有礼貌，很容易激怒客户，让客户觉得没有面子。

错误话术 3：

销售顾问："您看中后还需要其他人来看吗?"

分析 这样的提问表面上看比较有礼貌，但由于没有前后语境的呼应，实际上还是对客户权威的一种挑战。

03　思路讲解

对于中国现在众多的家庭而言，汽车仍属于昂贵的消费品。绝大部分家庭对于购车这一消费还是十分谨慎的。消费者购车决策是一个长时间的复杂过程，需要获得各方面的信息，征求各方面的意见和建议。

因此，对于销售顾问而言，了解谁具有购买决策权无疑能大大节省销售顾问的时间和精力。上述情景当中的销售顾问，就是因为没有提前了解产品的购买决策者是谁，在没有决策权的客户身上耗费了大量的时间和精力，最终无法及时成交。

当然，我们并不是说销售顾问不需要重视没有购买决策权的消费者，因为每个相关成员的意见和建议都会对最终的购买行为产生重大影响。但是，如果销售顾问了解到购买决策者是谁，就可以采用不同的策略分别应对。对于没有决策权的消费者，更多是以礼貌接待、产品吸引、与其建立意见同盟的方式去应对，而对于购买的决策者，则更需要注重价格的谈判、销售的协议达成等。

和此前的需求探询一样，了解客户是否是决策者，同样需要通过询问的形式去了解。询问的话术、语气和态度决定着客户是否愿意给你真实有效的信息。这一类问题如果问得太晦涩，容易让客户随口应付，得不到有效答案。比如：

销售顾问："咱们这个车您满意吗？"
客户："满意。"

满意，并不等于决定要购买。这样的提问效果有限。

而这一类问题如果问得太生硬，又容易让客户觉得没礼貌。尤其是对于没有决策权的客户，会觉得伤了面子。比如：

销售顾问："先生，买这款车你自己可以做主吗？"

因此，这类问题的发问要注意以下几点：

1）让客户体会到是为他着想。
2）不伤客户面子。
3）合适的时机提出。

04 优秀话术示例

优秀话术：

销售顾问："张先生，买车在家里也算是个大事，您不需要和家人再商量商量吗？自己就可以决定了？"
客户："我还需要和太太商量一下。"
销售顾问："您真是个好丈夫，考虑家人的意见是对的，因为车是家里的共有财产。那您决定的时候是要和太太一起过来吧？"

分析 这样的问话，前后有一个语境氛围，显得非常自然。同时，告诉客户是在为他考虑。当客户提出需要参考太太意见的时候，销售顾问再次确认是否要和太太同时到店才能做决定。

问题 12 🎤
如何了解客户的付款方式？

01 情景呈现

王子璐是明星汽车 4S 店的销售顾问。这一天，王子璐接待了一位 20 岁左右的客户。在对车辆的基本性能进行介绍后，王子璐想了解一下客户是打算一次性付款还是按揭付款。如果是按揭付款，王子璐打算再向客户推荐一款优惠的金融贷款产品。

王子璐："张先生，您这款车是按揭付款吧？"

客户："你问这个干吗？"

王子璐："我们这儿有个金融贷款产品推荐给您……"

客户有些不高兴地说："这点钱，我还要贷款吗？"

02 错误话术及分析

错误话术 1：

销售顾问："您是一次性付款吧？"

分析 这样直接的问话对于那些选择按揭付款的客户来说，也许会觉得很伤面子，引起客户的反感。

错误话术 2：

销售顾问："您是准备按揭付款吧？"

分析　付款方式是一个敏感的话题，这种提问语气生硬，没有礼貌，容易引起客户的反感。

错误话术3：

销售顾问："您是一次性付款还是按揭付款呢？"

分析　这样的提问表面上看比较有礼貌，但由于没有前后语境的呼应，实际上还是显得非常唐突。

03　思路讲解

付款方式是销售顾问在推荐产品过程中必须了解的客户信息之一，也是挖掘客户购车需求信息的重要内容。因为付款方式的不同，决定着4S店销售利润的不同，后期协商议价的空间也有所不同。

如果客户选择按揭付款的方式，销售顾问还有机会做更多的推荐：

1）因为是按揭付款，在车辆配置的选择上，可以推荐更高端的配置，让客户提前消费，一步到位。

2）可以结合客户的实际情况，向客户推荐适合的汽车后市场的金融贷款产品服务，帮客户达成最高性价比的购车方式。

3）因为是按揭付款，可以帮助客户在店内多挑选一些汽车后市场产品，包括加装配饰及后续的保养服务等。这样汽车后市场产品也同时可以享受到按揭付款的利益。

但是，付款方式也是一个比较敏感的话题，直接询问容易引起客户的戒备心理。因此，在询问客户付款方式之前，要准备好充分的理由，机智谨慎地做好解释工作，以坦诚的态度、令客户信服的理由，逐渐消除客户的疑虑和防备。

04 优秀话术示例

优秀话术1：

销售顾问："张先生，买车相对也是个大数目。我们有些客户喜欢一次性付款，这样方便快捷，但是一下子可能会占用很多资金。也有些客户选择按揭付款，虽然要多支付一些费用，但可以省出不少流动资金用于其他项目的投资。您这边计划怎么选呢？"

优秀话术2：

销售顾问："张先生，冒昧地问一下您是选择一次性付款还是按揭付款？之所以现在这么问您，是因为选择按揭付款需要提前办理，如果等到签订合同的时候再告知，手续会耽误好几周，主要是怕影响到您的用车时间。"

分析 这样的问话，是在提问前加上一个解释说明，对客户可能引起的不满先行求得谅解，说明提问的原因是从客户的利益出发，为客户着想。

问题13 🎤

客户不愿意告知自己的信息，怎么办？

01 情景呈现

王子璐是明星汽车4S店的销售顾问。这一天，王子璐接待了一位35岁左右的男性客户。在基本的寒暄与问候之后，王子璐准备按流程了解客户的一些相关信息，以便明确客户的需求点。

王子璐："先生，您是做什么工作的？"

客户："这和买车有什么关系吗？"

王子璐："不好意思，那您家里的小朋友多大年龄了？"

客户："我为什么要告诉你？"

王子璐："我只是问一下您的资料，会为您保密的。"

客户："……"

02 错误话术及分析

错误话术1：

销售顾问："您是做什么工作的？"

分析 这样直接的问话太过唐突，没有给客户舒适与缓冲的感觉，拒绝回答率很高。

错误话术2：

销售顾问："您为什么不愿意留下信息呢？"

分析 这种直白的问话，特别容易引起客户的反感，客户很可能直接丢下一句"没必要"或"我就是不想说",然后离开。

错误话术 3:

销售顾问:"我们会为您的信息保密的。"

分析 这样的提问表面上看是为了让客户放心,可单纯的承诺,没有实质的保障措施难以让人信服。说不定,还反而提醒了客户,要保护好个人信息,防止日后被你骚扰。

03 思路讲解

探询客户的真实需求,离不开了解客户的相关信息。可是并不是每个客户都愿意将自己的信息都告知销售顾问。

客户不愿意留下自己的相关信息,主要是对接待的销售人员以及 4S 店的信任度不够,害怕日后被骚扰,或害怕资料外泄给自己带来不必要的麻烦。

对于那些防备心较重的,不愿主动留下自己的相关信息的客户,如果销售顾问只是提出简单的问题,比如"您是做什么工作的?"是无法得到满意的答案的。因此,销售顾问需要根据客户的心理特点,使用一些话术技巧。

常见的话术技巧有以下两种:

(1) 绝对结论

很多时候,销售顾问直接去问客户一些问题,客户未必愿意立即回答。但基于人们谈话的心理特点,如果学会使用一些绝对结论的方法,有可能让客户自己主动给出销售想要的信息。

我们以询问客户的职业为例。如果直接向客户提问:"先生,您是做什么工作的?",那么这个问题就显得非常唐突,客户可能会选择拒绝回答。如果采用绝对结论的方法,比如:

销售顾问："先生，看您的气质像是做律师的吧？"

客户："不是，我是公务员。"

这句"先生，看您的气质像是做律师的吧？"就是使用了绝对结论的方法，先做一个假设进行发问。如果这个假设正确，很多客户会直接回答"是"。即使这个假设不正确也没关系，因为根据人们的语言习惯，往往在回答"不是"以后加上一个补充。这句补充"不是，我是公务员。"，就恰好是销售顾问想要的信息。

有的时候，客户未必会在销售顾问第一次采用绝对结论后，就立即加以补充，销售顾问可以继续采用绝对结论的方法提问。比如：

销售顾问："先生，看您的气质像是做律师的吧？"

客户："不是。"

销售顾问："哦，那您一定是老师吧？"

客户："也不是。"

销售顾问："也不是啊，那我猜一定是记者？这回没错了吧？"

客户："呵呵，还不对。我是公务员。"

当销售顾问连续采用绝对结论时，客户就不自觉地把自己的相关信息告诉销售人员了。

使用绝对结论还要注意以下两点：

第一点：

使用绝对结论的问话语气要柔和，要在不经意间，像聊天一样的感觉。如果采用刻意的直白生硬的语气，会增加客户的防备心理。

第二点：

使用绝对结论的次数尽量不要超过三次，如果三次提问，客户都没有给你想要的信息，说明客户有可能是有意不愿透露信息。再继续下去，容易让客户反感。这时候需要采用其他的话术技巧。

（2）解释铺垫

客户不愿意告知销售顾问自己的相关信息，往往是出于自身的防备心理。适当的解释和铺垫，可以缓解客户的防备心，告诉客户了解他的相关信息是为了更好地帮助他。

解释铺垫的话术，一般分以下三个步骤：

步骤一：询问担忧。

销售顾问："张先生，您不愿意告诉我们您的信息，是因为有担忧吧？"

步骤二：强调普遍性。

销售顾问："其实，很多客户一开始都会因为担心信息泄露等原因，不愿意告诉我们。"

步骤三：说明原因。

销售顾问："但是，我们都会告诉客户，了解您的信息绝对不是为了日后骚扰您或泄露您的信息，而是购车选择实在是太辛苦了，而我们都是专业的销售顾问，多了解一些您的信息可以多帮你做出最具性价比的选择。"

担忧是可以化解的，一些有效的铺垫加如实的解释，是可以换来客户的信任的。

04 优秀话术示例

优秀话术 1：

销售顾问："先生，看您的气质像是做律师的吧？"

优秀话术 2：

销售顾问："张先生，您不愿意告诉我们您的信息，是因为有担忧吧？其实，很多客户一开始都会因为担心信息泄露等原因，不愿意告诉我们。但是，我们都会告诉客户，了解您的信息绝对不是为了日后骚扰您或泄露您的信息，而是因为购车时做选择实在是太辛苦了，我们都是专业的销售顾问，多了解一些您的信息可以多帮你做出最具性价比的选择。"

分析

1）使用绝对结论，让客户主动给出信息。

2）用铺垫的方法强调客户顾虑的普遍性，反而可以降低顾虑。

3）用解释的方法真诚打动客户，换取客户的信任。

问题 14

客户回答得过于简单，怎么办？

01 情景呈现

王子璐是明星汽车 4S 店的销售顾问。这一天，王子璐接待了一位 40 岁左右的男性客户，准备置换一台新车。客户是一家金融公司的 CEO，很有深度，但不大愿意主动表达。

王子璐："张先生，对换车有什么要求呢？"

客户："先看看。"

王子璐："之前的那台车开着感觉如何？"

客户："还不错。"

王子璐："平时您都有什么爱好？"

客户："看书。"

王子璐："一看您就非常有品位。"

客户："谢谢。"

02 错误话术及分析

错误话术 1：

销售顾问："张先生，对换车有什么要求呢？"

分析 对于愿意主动表达的客户，这样的询问可以有效获得客户的需求点，但对于不愿意主动表达的客户，这样的询问是无法得知客户兴趣点的，只能换来简单的应付回答。

错误话术2:

销售顾问:"之前那台车开着感觉如何?"

分析 这样的询问不具有引导性,对于不愿意主动表达的客户,他可能就一句简单的"好"或者"不好"就应付你了。这样简单的回答,让销售顾问难以挖掘出客户的真实需求。

错误话术3:

销售顾问:"一看您就非常有品位。"

分析 赞扬客户本身是很好的话术,特别是之前已经询问到了客户喜欢"阅读"的爱好。但是,对于这类不爱主动表达的客户,如果只是简单的一句礼貌性的赞扬就结束,还是很难打开他的心扉。客户一句"谢谢",让场面又变得尴尬起来。

03 思路讲解

面对在探询需求环节回答得过于简单又不愿意主动表达的客户,销售顾问一定不能让话题尴尬地停下来,要想办法找到可以引发这个客户开口的触点。其实,每个人都有表达的需求,只是需要合适的时间、合适的地点、合适的人物、合适的话题去触发。

常见的触发客户主动开口的方法有以下三点:

(1) 引导式的语言

人在对话的过程中是需要被引导的。同样的话题,如果采用了引导式的语言,就可能更好地激发对方的表达欲望。比如,"聊聊您之前开车的感受"或者"讲讲您平时阅读的故事","聊聊""讲讲""故事"……这些词汇都是引导式的语言。

(2) 客户感兴趣的话题

每个人愿意分享表达的自然是自己擅长的、感兴趣的话题。对于那些实在难以引导主动开口的客户，不如跳开产品的本身，和他聊聊家常，聊聊他感兴趣的话题。只要话题打开了，再谈车就不难了。当然，每个客户的兴趣点都不尽相同，需要销售顾问因人而异，通过观察、试探，找出不同客户感兴趣的话题。

（3）提出请教

很多人的内心里，往往都有一种情结，叫做"好为人师"。对于自己擅长的，对方请教的，可以帮助别人的事情，都难以拒绝。销售顾问可以找到客户擅长的话题，以请教的方式向客户询问，这样客户就滔滔不绝了。

04 优秀话术示例

优秀话术：

销售顾问："张先生，这么难约到您，平时生意一定很忙吧？"

客户："是的。"

销售顾问："我看您最大的兴趣就在您的生意上吧？"

客户："不瞒你说，还真是在这里找乐子。"

销售顾问："今年上半年的订单都排满了吧？"

客户："都排到下半年了。"

销售顾问："哇，太了不起了。您这个行业的客户我接待过很多，生意好的我也见过，但订单排到下半年的，您是第一个。我想请教您一下，您当年是怎么做，做到这个行业的龙头老大的，给我讲讲您的故事呗？"

客户（喜笑颜开）："小王，你不知道啊，我给你讲讲，想当年……"

分析

1）主动找到客户感兴趣的话题，"我看您最大的兴趣就在您的生意上吧？"

2）提出请教，引发客户好为人师的心理，"我想请教您一下，您当年是怎么做，做到这个行业的龙头老大的？"

3）有效地使用引导式的语言，打开客户的话匣子，"给我讲讲您的故事呗。"

问题15 🎤
如何有效创造客户的需求？

01　情景呈现

王子璐是明星汽车4S店的销售顾问。这一天，王子璐接待了一位40岁左右的男性客户，客户是一家私营企业的企业主。客户此前已经换过好几辆车了，对车比较了解。

客户："你们现在的车有什么新的特点吗？"

王子璐："张老板，您可以看一下我们现在车的尾灯，现在用的都是LED的尾灯。"

客户："这有什么不一样吗？"

王子璐："这种尾灯亮起来更好看。"

客户："尾灯，我又看不到。"

王子璐："对了，这种LED⊖的尾灯点亮速度也更快，比普通尾灯点亮快0.06秒呢。"

客户："0.06秒？这有什么感觉啊！净是些没用的。"

02　错误话术及分析

错误话术：

销售顾问："这种尾灯的点亮速度更快，比普通的尾灯点亮快0.06秒呢。"

⊖　LED指发光二极管。

分析 这样的表达，既不是在探询需求，也不是在进行产品介绍。只是简单地背车辆数据参数。没有哪个客户会把车辆的数据参数当成自己需求的。

03 思路讲解

有一些产品的功能是可以很好地满足客户需求的，但这类需求非常隐蔽，甚至客户自身都没有发现过。比如，情景中提到的 LED 尾灯。很少会有客户因为尾灯是 LED 材质的而特意选择某款车，这并不是什么需求点。但是，我们发现 LED 尾灯的点亮速度更快。车尾灯是如何点亮的？是踩刹车。因此，车尾灯点亮速度越快，就说明刹车时对后车的提醒越及时。这是保障客户安全的功能，怎么会不是需求点呢？

只是，这类需求太隐蔽，以至于客户自身都没有发现过。因此，销售顾问要学会创造客户的需求。

常见的创造客户需求的方法有以下三步：

（1）直击痛点

因为需求点隐蔽，所以要让客户能够发现需求点，不能只谈表面的功能，必须要触及客户的痛点。比如，行车的安全性就是客户的痛点。

（2）场景引导

痛点是不是够痛？这个需求点是不是一定要解决？单纯的概念性描述力度是不够的。可以通过一些场景的描绘，让客户感触更加深刻。比如，给客户描绘后车刹车不及时的危害性。

（3）雪中送炭

当客户内心的痛点被放大激发，需求被创造出来并且不得不解决的时候，用你产品的功能去满足他，就如同雪中送炭，让人难以拒绝。

04 优秀话术示例

优秀话术：

销售顾问："张先生，您平时经常上高速路是吗？"

客户："是的。"

销售顾问："您觉得在高速路上最严重的交通意外是什么造成的？"

客户："追尾啊。"

销售顾问："的确，追尾太可怕了，关键还不是您自己能控制的，是后车刹车不及时导致的。"

客户："是的。"

销售顾问："我之前一个朋友，就是因为在高速公路上踩了刹车，后车没及时看到他的尾灯亮起，没有及时刹住车，被一辆 20 吨的载重货车追尾了，人都不在了。"

客户："唉……"

销售顾问："所以，张先生，您看在高速公路上，如果尾灯能提前亮起 0.01 秒，或许都能挽救一个生命，您同意吗？"

客户："当然了。"

销售顾问："我们这款车的尾灯，采用的是 LED 的尾灯。这种尾灯点亮速度更快，比普通的尾灯点亮快 0.06 秒。0.06 秒，可以缩短 3~5 米的刹车距离呢。3~5 米，那是一辆车的长度啊。所以，您觉得这样的尾灯重要吗？"

客户："太重要了，我买车一定要买 LED 尾灯的。"

分析

1）通过客户经常上高速路的信息，引发出"追尾"这一痛点，创造客户需求。

2）讲述自己的一个朋友被"追尾"的故事，通过场景引导，放大需求。

3）介绍 LED 尾灯产品，满足客户的需求，达到雪中送炭的目的。

第三章

CHAPTER

车辆介绍环节
——创造产品带来的价值

问题 16 🎤
车辆介绍的流程是怎样的?

01 情景呈现

　　王子璐是明星汽车 4S 店的新晋销售顾问。这一天,王子璐接待了一位 30 岁左右的女性客户。王子璐准备为客户介绍一款 SUV,这是王子璐第一次独自向客户介绍车辆。他拿着产品手册,既紧张,又兴奋。

　　王子璐:"张小姐,我们这款车是获过德国的设计大奖的,您看这款车的外观,就像展翅飞翔的海鸥。车的前脸……"

　　客户:"发动机我可以看看吗?"

　　客户打断了王子璐。

　　王子璐:"可以的,您看一下吧。"

　　王子璐打开了发动机舱盖。

　　客户:"发动机,你介绍一下。"

　　王子璐:"发动机是很不错的,额,动力很好……您来看一下我们车的内饰……"

　　王子璐有点语无伦次了。

　　客户:"你能具体说明一下发动机吗?"

　　王子璐赶紧翻看产品说明手册。

　　王子璐:"哦!我们的发动机最大输出功率是185kW,转速是6000r/min……"

　　客户:"你说的这些,我听不懂。"

02　错误话术及分析

错误话术1：

销售顾问："张小姐，我们这款车是获过德国的设计大奖的，您看这款车的外观，就像展翅飞翔的海鸥。车的前脸……"

分析　介绍的话术本身没有问题。但是一辆车的性能是纷繁复杂的，如果没有一定的层次和顺序的介绍，又不是按客户需求进行介绍，一旦被客户打断，就很容易让销售顾问陷入紧张的情绪，说话变得语无伦次。

错误话术2：

销售顾问："发动机是很不错的。"

分析　"很不错的"这样的介绍语言，没有任何的说服力。

错误话术3：

销售顾问："我们的发动机最大输出功率是185kW，转速是6000r/min……"

分析　在产品介绍中，过于专业的术语和专有名词，反而会让客户糊涂。

03　思路讲解

车辆介绍是汽车销售过程中一个重要的环节，可以让客户切实地体验到产品的品质，进一步加深对产品的认知。不过，要想把设计复杂的汽车层次分明、条理清晰地介绍给客户并让客户产生强烈的购买欲望，并不是一件简单的事情。

有效的产品介绍流程，包括以下几个方面：

（1）使用六方位绕车法进行全车介绍

当年雷克萨斯在分析销量为何不如奔驰时，总结了一个原因——客户在店逗留的时间太短。如何延长客户逗留时间？雷克萨斯采用了六方位绕车介绍法，结果取得了成功。

六方位包括：

方位一：侧前方 45 度。
介绍车辆的品牌、外观、设计理念、所获荣誉。

方位二：驾驶座。
介绍车辆的驾驶操控、中控功能、安全性能。

方位三：车后方。
介绍车辆的尾部造型、行李舱、尾部配置。

方位四：车后座。
介绍车辆的空间设计、内饰工艺、静音舒适。

方位五：车侧方。
介绍车辆的安全结构、前后制动、轮胎、悬架。

方位六：发动机舱。
介绍车辆的发动机参数、技术特点。

六方位绕车介绍法的优势，是对全车进行具有逻辑性的全面介绍。对于话语较少的客户，宜采用六方位绕车介绍法，这样可以有效避免介绍过程中的冷场。但六方位绕车介绍不是必须按从 1 到 6 的顺序进行，也可以根据客户的需求，或客户站位的位置进行介绍。

（2） 根据客户的需求采用 NFABI 介绍法

需求（Need）：是指客户要解决的问题。

特征（Features）：是指产品的某种特殊功能，是产品的某种事实、数据或者信息。

优点（Advantages）：是指产品的某种特征带给客户的好处，或者是在使用产品时这些特征是如何为客户服务的。

利益（Benefits）：是指针对潜在客户的需求，有指向性地介绍产品的某种特征以及与之匹配的优点。

场景冲击（Impact）具有三个层次：

1）社会认同。

2）书面证据。

3）亲身感受。

使用 NFABI 话术可以运用以下模板：

完整话术模板：

N：根据您的驾驶习惯在 XX 时是不是容易发生 XX 事呢？

F：我们的产品拥有 XX 功能。

A：可以使车行驶到 XX 时不再 XX。

B：这样您在行车时可以……

I：您想在一个 XX 的时候，您驾驶着您的爱车……这是多么惬意啊！

简易话术模板：

F：因为……

A：所以……

B：对您而言……

（3）利用商谈备忘录、产品型录等道具辅助介绍

车辆的一些性能和参数很难通过讲解和试乘试驾体现出来。比如悬架、转矩、发动机压缩比等。这时候，通过道具辅助介绍更加直观有效。现在汽车 4S 店可使用的道具很多，如型录、IPAD、VR 眼镜等都可以作为道具。

（4）适时切入金融、保险、二手车、精品等服务

汽车销售是一个产品与服务结合的销售过程。购车除了整车的购买，还伴随着上牌、保险、金融贷款、二手车置换、精品等业务。因此汽车产品介绍不仅仅包括车辆性能的介绍，同时也包括这类产品的介绍。

（5）通过触摸、操作、试乘试驾让客户亲自体验车辆配置

消费者从对产品产生注意力，到最终采取购买的行动是一个过程。而这个过程中，引发其购买欲望的要素一方面是销售顾问的产品介绍，另一方面则是自身的感受。试乘试驾就是在静态展示的基础上，通过让客户亲自体验动态性能，增强购买信心；通过进一步的需求探询与解答客户疑问，更加明确客户需求，激发购买意愿。简单地说，试乘试驾就是进一步的产品介绍。

04 优秀话术示例

优秀话术：

销售顾问：

N（需求）：李先生，同您聊了这么久，您说您喜欢开车的时候听音乐，所以比较注重车辆的音响系统，对吗？

F（特征）：我们的这一款车型全系配备 AUX IN 接口、USB 接口和蓝牙系统。

A（优点）：您可以将喜欢听的歌曲下载到 U 盘上，然后直接连接到车载音响上，也可以直接连接手机播放音乐，操作非常方便，并且可以随时更新自己的音乐库，存储量也更大，免去你听音乐时更换碟片和保存 CD 碟片的麻烦。

B（利益）：对于您而言，不但可以节省您购买 CD 的钱同时还为您节省储存 CD 的空间。

I（场景冲击）：据我所知，在同级中，很少有全系配备 AUX IN 接口、USB 接口和蓝牙系统的车型，我个人也非常喜欢这几项配备，我自己也经常用手机蓝牙连接车辆播放一些讲座录音，一边开车，一边学习。

分析 采用了 NFABI 的介绍方法，结合客户的需求和使用场景，进行产品介绍。介绍话术通俗易懂，又具有很强的说服力。

问题17 🎤
如何介绍车辆的性能？

01　情景呈现

王子璐是明星汽车4S店的销售顾问。这一天，王子璐正在为一位30岁左右的女性客户介绍一款车的自动开启汽车行李舱功能。

王子璐："张小姐，这款自动开启行李舱的功能可以让你感觉非常方便实用。"

客户："怎么样自动开启呢？"

王子璐："哦，这个功能是采用RFID⊖技术自动开启的。"

客户："什么技术？我听不懂。"

王子璐："RFID就是与你车钥匙可以自动感应。"

客户："你说得太复杂了，我不明白，可能我也没什么太大需要吧。"

02　错误话术及分析

错误话术：

销售顾问："这项功能采用的是RFID技术。"

[分析] 客户买产品是来购买产品带给他的利益和好处，不是来学习技术参数的。销售顾问进行产品介绍时，使用过多的专业名词，反而会让客户难以理解。

⊖　RFID是Radio Frequency Identification（无线电射频识别）的缩写。

03　思路讲解

了解了客户需求后就可以进行车辆介绍了。车辆性能的介绍，是整个产品介绍的关键。但是，一辆车的优势和好处有很多，一一介绍势必会花费大量的时间和精力。因此，销售顾问要根据客户的需求点，有的放矢地进行介绍，做到"产品介绍不求面面俱到，只求客户想要"。

有些销售顾问在向客户进行产品展示的时候，为了表达自己的专业性就不遗余力地说着大量的专有名词，结果客户反而因为过于复杂而听不明白，销售顾问自身也劳心劳神。销售顾问还要清楚，客户买车要的不是产品的本身，而是汽车带给自己的利益和好处。因此，在进行产品介绍时重点并不是那些深奥的产品参数，而是应该体现产品的价值。

体现产品价值可以采用 NFABI 介绍方法。

首先，抓住客户的需求点，然后讲解产品能满足客户需求的特点及优点，接着重点诠释拥有这款产品后带给客户的利益改变，最后通过一个故事的形式描绘一个场景，给客户直观的冲击，提升客户的购买欲。

车辆的性能包含的内容纷繁复杂，不同品牌、不同型号的车，性能优势各不相同。我们没有办法在一本书里将所有品牌各个车型的每一个性能都一一涵盖，因此，只采用一个情景案例讲解性能介绍话术的流程。对于更多品牌、更多车型的性能介绍，销售顾问可以将产品说明与本书的性能介绍话术流程相结合，予以应用。

04　优秀话术示例

优秀话术：

销售顾问："张小姐平时去超市或商场购物多吗？"

客户："非常多。"

销售顾问："那平时购物大包小包的提在手上，打开车辆行李舱的时候有什么不方便吗?"

客户:"找钥匙,打开行李舱很麻烦,碰到下雨天就更麻烦了。"

销售顾问:"我们这款车有一个自动开启行李舱的功能,能帮你解决这个烦恼。"

客户:"怎么办到的呢?"

销售顾问:"有了这个功能后,你打开行李舱就不需要再拿出钥匙,只要钥匙带在身上,你轻轻碰触行李舱,行李舱就会自动开启。这样,即使你提着再多的东西,也可以从容地开启行李舱了。"

客户:"真的有这么好的功能吗?"

销售顾问:"当然。张小姐,您想啊,在一个下雨天,您打着伞,抱着孩子,提着购物篮从超市出来,来到停车场。看着旁边的人都还在手忙脚乱地找钥匙。而您走到车尾部轻触,行李舱就自动打开了,您优雅自如地把购物袋放进车里,上车、起动、走人,这一系列的动作让您多有面子啊!"

客户:"这么好的功能,我喜欢。"

分析　自动开启行李舱功能,本是一个技术讲解相对复杂的功能。而且这个功能不在特定的环境下也很难将其优势尽数体现。采用了 NFABI 的介绍方法,结合客户的需求和使用场景,这种功能就很直观地展示给客户了。

问题 18 🎤

如何介绍汽车金融保险类产品？

01 情景呈现

王子璐是明星汽车 4S 店的销售顾问。这一天，一位 30 岁左右的男性客户来看一款越野性能不错的 SUV。由于预算有限，客户只选了一辆基础配置的车辆。于是，王子璐向客户介绍了一款购车金融贷款服务产品。

王子璐："张先生，您是一次性付款还是按揭呢？"

客户："一次性付款就可以了。"

王子璐："其实我们有一款按揭贷款类的产品，不用一下子占用您那么多资金。"

客户："那我是不是要多付利息和手续费？"

王子璐："那是当然。"

客户："那我就不需要了。"

02 错误话术及分析

错误话术 1：

销售顾问："先生，您是一次性付款还是按揭付款呢？"

分析 这样的询问太过直接，容易引起客户的反感，同时也无法更好地推进后续产品的介绍。

错误话术2：

销售顾问："先生，我给您介绍一下我们的金融贷款服务吧？"

分析 在没有前后语境，没有创造需求点的情况下，赤裸裸地进行产品介绍，都是很难打动客户的。介绍汽车金融保险类产品的时机应放在议价谈判的环节，把整个购车的流程与相关服务结合起来形成一个整体。

03 思路讲解

前文已讲过，汽车销售是一个产品与服务结合的销售过程。购车除了购买整车，还伴随着上牌、保险、金融贷款、二手车置换等服务业务。因此汽车产品介绍不仅仅包括车辆性能的介绍，同时也包括汽车金融保险类产品的介绍。因为这类产品是伴随着整个购车流程进行的。与介绍车辆性能不同，介绍汽车金融保险类产品的时机应放在报价的环节，把整个购车的流程与相关服务结合起来形成一个整体。

同时，汽车金融保险类产品的介绍还要通过引导的方式创造客户的需求。前面在讲解客户需求探询的时候提到：要先了解客户的需求点，然后根据客户的需求介绍产品，以满足客户的需求。但有些时候，客户某些需求点未必都是直观地展示出来的，它可能是隐藏着的需求，这时候就需要销售顾问去激发这个需求点，这叫做创造需求。

如果销售顾问不去主动创造需求，就像上述情景呈现中提到的，销售顾问把汽车金融保险产品推荐给客户，客户反而会把推荐的产品当成负担，自然会选择拒绝。

同样的情景，我们看看通过创造客户需求的介绍话术，有什么不一样的效果：

客户购车的需求点是购买一辆30万元左右基础配置的SUV，对于越野型和电子产品的功能性要求不多。但是，销售顾问在沟通中发现，客户是一个年轻人，对于新功能和电子产品本是非常感兴趣的。之所以客户提出没有太多的需求点，主要是基于预算，因为预算有限，所以只得放弃一些个人的喜好。

那么，此时销售顾问通过汽车金融保险类产品的推荐，就可以激发出客户的需求。销售步骤如下：

1）询问客户在预算充足的情况下是否愿意有更高的选择。

2）向客户介绍金融产品。

3）通过计算帮客户分解费用。

汽车金融保险类产品的介绍与整车销售流程是相辅相成的。销售顾问看似是在为客户推荐更高配置的车型，但实际已经把汽车金融保险类产品推荐出去了。而客户一旦选择了汽车金融贷款产品，流动资金充裕了，还能促进其他汽车精品的销售。

04 优秀话术示例

优秀话术：

销售顾问："张先生，这么说来如果预算充足，或者有足够的流动资金，您更希望选择一款高配的车，是吗？"

客户："那是当然。"

销售顾问："我们现在有一款金融服务产品可以帮到您。"

客户："你说说看？"

销售顾问："您看，如果您选择了高配的车型，那么车的总价就是 36 万元，然后你再选择我们的金融服务产品，最高只用首付 3 成，也就是不到 12 万元，就可以把您更喜欢的这辆高配的车开回家了，后面的费用您可以分 24 个月还清。车是一个长期使用的产品，因为一时的资金问题没有选择自己最喜欢的配置，等到资金充裕了再去更换可就不方便了。何不通过金融产品，让自己在购车时就一步到位，提前享用呢？"

客户："这样不错。"

分析 首先挖掘到客户的潜在需求点，接着利用产品帮客户创造需求，并且把金融服务产品的介绍绑定在报价环节中进行，形成一个有机的整体。

问题19 🎤
如何介绍汽车精品？

01　情景呈现

王子璐是明星汽车4S店的销售顾问。这一天，王子璐正在给一位25岁左右的男性客户介绍一款SUV。当介绍到汽车中控台时，王子璐顺势引入了加装车载导航产品的介绍。

王子璐："张先生，刚才您也提到经常喜欢野外自驾游，手机导航不大方便。我们这款车的中控台部分就特意留出了位置，可以帮您加装车载导航。咱们的这款导航啊，不仅具有GPS功能，还可以实时监测路上的违章摄像头，更重要的……"

客户："你先不用急着介绍导航，先把车介绍好，导航我等定了车再决定是否加装。"

王子璐："我们公司规定必须要在车辆介绍中介绍精品。"

客户："导航你不用介绍了，我只在你们店买车，加装精品我自己买。"

王子璐："为什么呢？"

客户："导航，你们4S店卖得比外面贵。"

王子璐："我们的精品质量好啊。"

客户："加装的精品哪里都是一样的品牌。"

王子璐："我们是4S店啊，肯定贵一些。"

02 错误话术及分析

错误话术 1：

销售顾问："我们公司规定必须要在车辆介绍中介绍加装产品。"

分析 公司的规定和客户的利益没有任何的关系，客户不会买账。

错误话术 2：

销售顾问："先介绍和后介绍都是一样的。"

分析 既然都是一样的，你干吗还一定要先介绍呢？

错误话术 3：

销售顾问："我们的精品质量好。"

分析 这种说法对于新车主或许还算有效，但是一旦遇到有经验的顾客，就完全没有说服力了。

错误话术 4：

销售顾问："我们是 4S 店啊，肯定贵一些。"

分析 这种"嫌贵你别买"的言下之意，有可能会惹恼客户，甚至把整车销售都丢掉。

错误话术 5：

销售顾问："我们的运营成本太高了。"

分析 这只是自怨自艾的抱怨，消费者不是来同情弱者的。

03 思路讲解

精品销售，是汽车销售的一个重要部分。对于汽车 4S 店而言，精品销售最好能够根据客户的需求在整车介绍的过程中进行推荐，与整车销售作为一个整体签订购车协议，尽量不要单独销售。

这样做的好处有以下几点：

1）与车辆的功能一起介绍，可以更好地激发与满足客户的需求，提升购买概率。

2）与整车产品打包共同报价，在报价的优惠幅度上，销售顾问有更大的空间。

3）在介绍车辆时介绍精品，可以更好地突出 4S 店的优势，为客户推荐更具有贴合度的精品。

但是，在实际销售的过程中，有些客户会提出把精品和整车分开介绍，先定车再考虑精品。客户提出这样的要求大致来自以下几种顾虑：

1）担心介绍完了精品就必须要购买。

2）借口推辞，其实并不想在 4S 店购买精品。

3）个人习惯，喜欢一项一项地听介绍。

这个时候，如果销售顾问被动地完全按照客户的要求去做，那么就降低了精品推荐成功的概率。而如果不顾客户的要求，执意继续推荐，又会引起客户的反感，因此必须通过合适的销售话术对客户进行引导。

话术的重点需要抓住客户的以下三种心理：

1）只是介绍，买不买没关系。

2）整体介绍比定车后单独介绍感受更好。

3）如果能在定车前也定下导航等精品，价格优惠幅度更大。

当客户有明确的加装精品的需求，却又提出不在 4S 店里购买，说明客户一定是心存顾虑。此时，销售顾问要做的就是通过话术解决客户的顾虑。根据调查，绝大部分客户不打算选择在 4S 店购买精品的核心顾虑就是认为：

价格高！

4S 店精品价格比起路边店要高，这已经是业内公认的事实。曾几何时，客户们还把 4S 店看成是高大上的象征，认为在 4S 店购买产品更有光环，更有保障。随着汽车产业的不断发展，消费者愈发理性化，注重性价比，"贵"成为挡在 4S 店销售顾问精品销售面前的一个核心障碍。

有些销售人员，客户说"贵"就一筹莫展，那只会让我们的销售陷于被动。也有些销售人员喜欢拿出"4S 店价格就是高"的牛气，可是现在的客户早已不再买账，这样说很容易让客户理解成"嫌贵你别买"以至于会惹恼客户，甚至把整车销售都丢掉。还有些销售人员强调 4S 店的质量好，这种说法对于新车主或许还算有效，但是一旦遇到有经验的顾客，就完全没有说服力了。

作为销售顾问，应该从以下几个方面去引导客户：

1) 单看精品的价格 4S 店会比路边店要贵一些，但如果精品与整车打包销售，综合优惠之后，价格未必就比路边店贵。

2) 精品是需要安装的，4S 店的安装技师都是经过厂家训练的，工艺更好。

3) 4S 店选配的加装精品，都是经过厂家严格审核，与本品牌汽车最为配套。

04 优秀话术示例

优秀话术：

销售顾问："张先生，您希望定完车再介绍导航，是有什么担心或顾虑吗？"

客户："没有，我只是习惯一项一项地来。"

销售顾问："我了解，很多客户都希望一项一项地介绍，这样感觉更清晰，但您买车的感受是一个整体，其实不管是加装件还是原装件，您最终都是要通过整辆车进行感受的。就像我给您介绍一款车的轮胎给车主带来的舒适程度，这个感受一定是要和车的底盘与悬架相结合，而不仅仅是轮胎本身决定的。导航也是一样，虽然它是加装的产品，但是使用时是否便捷、实用，是和我们车的中控台设计以及其他电子产品息息相关的。所以，既然您本身就有加装车载导航的需求，我建议您还是听听整体介绍，感受会更全面一些。"

客户："但我不一定要买这一款啊？"

销售顾问："张先生，别担心，买不买没关系，而且我还可以根据您的需求，给您几款相对适合您的共同比较，您再自己决定买不买，买哪款？而且，您定车的时候如果同时选择更多的加装产品，车辆价格的优惠幅度还会更大。就像您在商场买衣服一样，买得越多，优惠越多。要是您先把车定下来，再看加装导航之类的，优惠幅度肯定就小很多了。"

客户："还是算了，你们4S店的精品卖得太贵了。"

销售顾问："您的说法我不反对，4S店精品的单价看起来是要比路边店的贵一点点。但是，您知道吗？我们现在都有买精品整车更优惠的活动，您选购我们的精品和整车一同购买，在整车上还可以给您更大的优惠幅度，这样总体算下来，其实并不比路边店贵。"

客户："我还是想只在你们这儿买车，你们卖车专业，他们卖配件专业。"

销售顾问："呵呵，张先生，您说到专业，我还真不得不提一个重要的问题。咱们买导航是需要安装的，安装技师的手工艺非常重要。4S店所有的安装师傅都是经过厂家严格训练与考核并持证上岗的，这是路边店的安装人员绝对无法比拟的。加装的精品，您花的钱一部分是产品的本身，另一部分是安装技师的工艺。所以，您不妨想想，到底谁贵谁便宜？"

客户："这么说倒是有道理。"

销售顾问："还有就是，您知道现在的精品配件品种五花八门，但汽车也都是一把钥匙配一把锁的，只有找到最匹配的，用得才好。咱们4S店里的精品，一定都是经过精挑细选的，是最匹配咱们品牌的车型的。安装之后和车一同保修。在外面的路边店，可就未必能做到这样了。"

客户："好吧，那我先看看你们这边的介绍吧！"

分 析 首先，用类比的方法告诉客户整体介绍感受上的好处。接着，告诉客户买不买没关系，打消客户的顾虑。最后，用价格的优惠幅度吸引客户，使客户同意将整车和精品相结合进行介绍。

当客户提出担心精品价格贵时，先用整体打包价格的模式淡化价格贵的担心。然后，通过专业技师的工艺说明强调在 4S 店购买精品的独特优势。最后，通过产品匹配性的核心优势，成功主导客户。

第四章
CHAPTER

销售回访环节
——提升客户决策购买的欲望

问题20 🎙️

为什么要进行客户回访?

01 情景呈现

　　王子璐是明星汽车4S店的销售顾问。前几天,王子璐接待了一位30岁左右的男性客户。在店里,王子璐和客户相谈甚欢,客户也表达了明确的购买欲望。离店前,客户告诉王子璐,回家准备一下资金,过两三天就到店下定。

　　王子璐心情大好。可是,一等五天也没见客户到店下定。于是,王子璐拨通了客户的电话。

　　王子璐:"张先生,您好!我是明星汽车4S店的销售顾问王子璐。上次您来我们店是我接待的您。"

　　客户:"你好。"

　　王子璐:"上次您走的时候说,过两三天来店里下定,我看您还没来,打电话问问您什么时候来?"

　　客户:"车我已经买了。"

　　王子璐:"买了?您不是说找我买的吗?"

　　客户:"我回去的第二天,XX品牌打电话给我,说他们做活动,我买了他们品牌的。"

02　错误话术及分析

错误话术：

销售顾问："上次您走的时候说，过两三天来店里下定，我看您还没来，打电话问问您什么时候来?"

分析　客户离店不及时回访，等不到客户的时候，再打电话回访，恐怕就晚了。在当今汽车行业竞争如此激烈的时代，如果你不去主动回访客户，一定有人帮你回访，那就是你的竞争对手。

03　思路讲解

据统计，95%的客户都是在第2~4次到店时，选择下单定车的。由此可见，客户首次离店后的电话回访将是销售成功与否的关键。由于绝大多数客户都是在4S店内完成成交的，因此销售回访的核心目的就是把客户再次邀约到店。

我们知道，绝大多数客户看车，不会只去一家店。客户会比较多个品牌，或同一品牌的多家店。因此，你不能够做到及时回访客户，你的竞争对手抢先做了回访，就可能先把客户邀约到店，就多了一分成交的概率。

通常来说，电话回访的频次和周期，要符合以下三个要求：

（1）两天三访

1）客户离店后30分钟回访一次，询问客户是否安全到家。

2）客户离店当晚回访第二次，询问客户对于今天的服务是否满意。

3）客户离店次日回访第三次，再次邀约客户的到店时间。

由于客户的兴致点，通常集中在看车前后的一两天，所以客户离店后的2天内一定要增大回访频次，刺激客户的兴致点，把客户再次邀约到店。

（2）一周五访

对于两天三访，仍然没有再次到店的客户，可以在当周的周五、周六以周末店内的活动为借口，分别再回访一次，再次邀约客户。这两次回访，加上前面的两天三访，就做到了一周五访。

（3）一月九访

如果客户离店后的一周内都没有再次到店，那么此后每周可以再回访客户一次。其中，月末那一周可以多增加一次回访。这样就做到了一月九访。

04　优秀话术示例

优秀话术：

销售顾问："张先生，我是刚才接待您的明星汽车4S店的销售顾问王子璐，给您电话是看看您是否平安到家了。"

客户："已经到家了。"

销售顾问："那我就放心了。您对子璐刚才给您的服务还算满意吗？"

客户："满意。"

销售顾问："谢谢。不过我对我的讲解还不够满意！我还希望下次能为您提供更完美的服务呢。"

客户："谢谢。"

销售顾问："对了，我刚刚和您提到的我们后天有店庆活动，现在刚好在确认到场嘉宾，您看，我帮您也预留一个位置吧？"

客户："我现在还不能确认是否有空啊？"

销售顾问："那没关系，我明天下午再给您打个电话确认一下。"

分析

1）客户离店及时回访。

2）回访中提出再次邀约客户到店。

3）回访中为再次回访做铺垫，并制定紧凑的回访频次。

问题21 🎤

客户首次离店前该说些什么？

01 情景呈现

王子璐是明星汽车4S店的销售顾问。这一天，王子璐接待了一位40岁左右的中年男性客户。给客户进行完车辆介绍和试乘试驾后，客户提出要先离店再比较比较。于是，王子璐便送客户出了店门。

王子璐："张先生，您慢走。"

客户："谢谢。"

王子璐："有空我给您电话啊。"

客户："到时候我联系你吧。"

几天后，王子璐电话回访客户。可是，打了好几通电话，客户要么不接，要么就说在忙。

王子璐纳闷了，本来在店里聊得挺好的，怎么客户离开了，再打电话，态度就变了呢？

02 错误话术及分析

错误话术1：

销售顾问："张先生，您慢走，再见。"

分析 这句话看似礼貌，但没有为后续的沟通留下伏笔，"再见"可能就成了"再也不见"。

错误话术 2：

销售顾问："张先生，您有空我给您打电话啊！"

分析 打电话做什么？是催促购买吗？这样说反而会提升客户的警觉，担心接到催促购买的骚扰电话。

03　思路讲解

客户看车，往往不是到店一次就决定购买的。所以，当客户首次离店后，通过电话回访客户就显得非常重要。只有有效地进行客户回访，将客户再次邀约到店，日后才有更好的成交机会。

但是，在客户回访的环节中，经常出现的问题就是客户不愿意接听电话，或在电话中应付销售顾问。因此，客户首次离店前，销售顾问不要只做简单送别，还可以通过话术埋下一些伏笔，为日后顺利进行电话回访做好充分的铺垫。

常见的客户离店伏笔有以下三类：

（1）承诺答疑

承诺答疑就是在离店前刻意设置一些在店内没有解决的疑问，告诉客户将在日后通过电话的形式反馈给客户，为客户解答。其实这是在为日后对客户进行电话回访找一个合适的理由和借口。

（2）告知好处

告知好处是指在客户离店前告诉客户，如果日后店内有礼品赠送或优惠活动，将通过电话的形式告知客户。比起产品推荐，告知好处更容易让客户接受。

（3）提出请教

通过与客户的交流，如果销售顾问已经了解到客户在某方面有擅长之处，可以对客户提出请求，希望日后可以请教客户。请教的内容和话题不一定要与销售有关，而应该是客户所擅长的。其实，这是为了找到一个日后与客户沟通的契机。大多数人都有"好为人师"的心理，对方提出请教，往往不容易拒绝。

04 优秀话术示例

优秀话术1：

销售顾问："张先生，我送您出门吧。不过在您走之前，我能再问您最后一个问题吗？"

客户："你问吧。"

销售顾问："您来我们店，咱们谈了差不多30分钟，您对我的讲解满意吗？"

客户："满意。"

销售顾问："不过我对我的讲解还不够满意！您看我们交谈到第17分钟时，您问我发动机压缩比问题，我回答的就不是特别好。我没有给您提供书面的数据资料，您看这样，您走以后，我会搜集一些资料，明天联系您，提供给您，可以吗？"

客户："好吧。"

优秀话术2：

销售顾问："张先生，我们最近还会为车主组织一些活动，活动上有超值礼品赠送，过去参加这个活动的车主们都非常积极，所以每个销售顾问只有一个名额，按照规定是不能给还没有定车的客户的。不过，咱们聊得这么好，就将这个名额留给您。有了活动，我通知您可以吗？"

客户："好。"

优秀话术3：

销售顾问："张先生，我估计您也是还要再比较比较。对了，您之前说您是做金融期货的，我最近正好也在做一些投资，要是遇到不懂的地方可以打电话请教您吗？"

客户："可以啊。"

分析 三段话术分别是利用：承诺答疑、告知好处、提出请教的方法，为日后电话回访埋下伏笔。

问题 22 🎙

客户回访开场白怎么说？

01 情景呈现

王子璐是明星汽车 4S 店的销售顾问。前些天，王子璐接待了一位 40 岁左右的客户，交流间两人相谈甚欢。临走前，客户说先考虑考虑，下次再来店。几天过去了，王子璐见客户仍未来店，于是决定给客户一个电话回访。

王子璐："张先生，您好，我是明星汽车 4S 店的销售顾问王子璐。"

客户："有什么事吗？"

王子璐："上次您来我们店看的那辆车，考虑得怎么样了？"

客户："我还在比较，考虑好了我会找你的，我现在还忙，再见。"

客户说完，挂断了电话……

02 错误话术及分析

错误话术 1：

销售顾问："张先生，我是您的销售顾问王子璐，您这边之前看过的那辆车，现在定了吗？"

分析 这样的问话，让客户迅速产生了接听销售电话的思维定式，拒绝率较高。

错误话术2:

销售顾问:"张先生,您考虑得怎么样了?"

分析 这样的问话,让客户很容易脱口而出:"我还在考虑,到时候我联系你吧。"无法完成电话回访的目的。

错误话术3:

销售顾问:"张先生,我是您的销售顾问王子璐,您现在忙吗?"

分析 这样的问话,看似是在询问客户是否方便接听电话,但客户一听到是销售的电话,很容易快速做出拒绝的想法。如果此时,客户随口说一个"忙"字,就又使得电话回访无法继续进行下去了。

03 思路讲解

客户回访是销售的重要环节,客户在购买汽车的过程中,往往不是看一次就立即做出决定。因此,在客户离开后,回访的质量是决定着成交的关键。

可是,很多销售顾问都有着这样的疑惑:明明之前在店里聊得好好的,怎么一打电话,客户就像变了个人一样,还没说两句就快速地挂断了电话。

其实,比起初次与客户接触,客户回访要相对容易一些,毕竟初期通过接待、需求探询、产品介绍等环节已经和客户拉近了距离。而客户之所以还会出现一接听电话就快速挂断和拒绝的情况,这和客户接听销售电话的三个思维定式有着重要的关系。

一般来说,客户在接听销售人员电话时,往往会产生以下三种思维定式:

1)销售人员肯定要求我尽快购买产品。

2)销售人员肯定用降价和打折的方法要求我购买。

3)销售人员要说的事情肯定是我不关心的,也是我不感兴趣的。

即便是面对当初在店里聊得非常好的销售顾问,客户也会产生这样的思维定式,是因为客户看产品时毕竟不是只看一家的产品,那么客户接到的回访电话也不止一家。经常接到相似的回访电话,客户自然就会产生这样的思维定式。

所以，销售顾问在电话回访时，开场白是非常重要的。开场白的目的，就是为了让客户在接听电话的时候尽量不拒绝，延长与客户的通话时间，为后面的销售目的埋下伏笔。

延长客户通话时间的开场白，可以从以下三点思路去设计：

1）开场不要直接谈与销售相关的话题。

2）主动询问客户是否方便接听电话。

3）快速找到能引起客户兴趣的话题。

04 优秀话术示例

优秀话术：

销售顾问："张先生，我是销售顾问王子璐。子璐这次给您来电，不是为了卖车的事，您看子璐现在和您通话有没有打搅到您？"

客户："你说吧。"

销售顾问："昨天您离开我们店以后，下午就来了一位您的同行，他也是做化妆品生意的，我们聊天时提到您，他说知道您，说您是化妆品行业的名人啊。"

客户："是谁？"

销售顾问："王亿，您认识吗？"

客户："不认识。"

销售顾问："他走以后我想起一个问题，能否请教您一下？"

分 析

1）开场一句："子璐这次给您打电话，不是为了卖车的事"，在通话的一开场就打消了客户认为销售顾问要求其购买产品的想法。

2）"子璐现在给您打电话有没有打搅到您？"这样的问话的目的，一方面是尊重客户，询问客户是否方便接听电话，另一方面是根据人与人之间的沟通习惯，让客户并不容易快速地做出拒绝。

3）"昨天您离开我们店以后，下午就来了一位您的同行。"谈论同行，快速有效地引起客户的兴趣。

问题23 🎤
客户回访的目标与流程是怎样的？

01 情景呈现

王子璐是明星汽车4S店的销售顾问。这一天，接待的工作完成后，王子璐拿起电话，给老客户打起了回访电话。

王子璐："张先生，您好，我是明星汽车4S店的销售顾问王子璐。子璐这次给您打电话不是为了卖车的事情。"

客户："那是什么事？"

王子璐："上次您来我们店不是提到想多了解一下车载智能人工服务的相关信息嘛，我们这一周刚好有厂家人员来进行这个宣讲会，想邀请您来参加。"

客户："哦，什么时候啊？"

王子璐："周四下午2点。"

客户："我没时间啊。"

王子璐："张先生，这次宣讲会真的很难得……"

客户："这样吧，你把资料整理一下，到时候发给我吧。"

王子璐："那好吧。"

02 错误话术及分析

错误话术1：

销售顾问："张先生，您什么时候可以下定？"

分析 在电话中能够成交的概率是很小的，所以一定要把客户再次邀约回店。

错误话术 2：

销售顾问："张先生，您什么时候能来店把您上次看的车定下来？"

分析 没有节奏和流程地提出请求，很容易遭到客户的拒绝。

错误话术 3：

销售顾问："张先生，您周四下午有空吗？"

分析 这样的问话，看似是在询问客户是否方便到店，但没给客户一个足以有说服力的理由。如果此时客户随口说一句："没空"，电话回访就很难继续进行下去了。

03 思路讲解

上一节我们提到，客户回访的质量是决定成交的关键。客户回访首先是要让客户减少拒绝情绪，有意愿聆听销售顾问的电话。但在汽车销售的过程中，一般来说在电话中成交的机会是微乎其微的。因此，销售顾问在进行电话回访时，一定要明确电话回访的唯一目的——将客户再次邀约到店。

不能有效再次把客户邀约回店的电话回访，算不上高质量的电话回访。情景中的销售顾问，虽然与客户沟通的语言得当，有效减少了客户的拒绝情绪，但没有很好地把握交谈节奏，未能成功地邀约客户到店。因此，销售顾问在进行电话回访时，要注意把握节奏，适时提出邀约客户回店的请求，并给出让客户难以拒绝的理由。

常用的电话回访流程，包括以下五个步骤：

第一步：开场白。

我们在上一节详细讲解过开场白，目的就是让客户不要快速挂断电话。

第二步：多个目的。

开场白过后，呼出电话的一方自然要向对方说明电话的目的，但是，为了让客户不因为是销售顾问的电话而过分敏感，尽量不要马上提出和购买产品相关的事宜。可以利用在首次接触中留下的伏笔，说明电话的目的。常用的目的包括回复承诺、好消息、提出请教。

第三步：提出请求。

当销售顾问使用多个目的的方法进行谈话过渡后，客户的抗拒心理也有所减轻，这时候是提出邀约请求的最好机会。

第四步：要求承诺。

如果客户答应了销售顾问将再次到店，要让客户适当做出一些有效的承诺，确保最终到店的有效性。

第五步：一点压力。

通过一些销售技巧，给客户留有一点小小的压力，可以为有效到店再添一些砝码。

综上，我们可以看出，在汽车销售过程中，客户的电话回访一定要明确目标，遵循流程，把握节奏。

04　优秀话术示例

优秀话术：

销售顾问："张先生，我是销售顾问子璐。子璐这次给您电话，不是为了卖车的事，您看子璐现在和您通话有没有打搅到您？"

客户："你说吧。"

销售顾问："昨天您离开我们店以后，下午就来了一个您的同行，他也是做农村电商生意的，我们聊天时提到您，他说知道您，说您是行业的名人啊。"

客户："是谁？"

销售顾问："王亿，您认识吗？"

客户："不认识。"

销售顾问："他走以后我想起一个问题，能否请教您一下？"

客户："你说吧。"

销售顾问："是不是你们农村电商行业的，要跑的地方非常多，有些地方经常是导航难以识别，或者数据不够完整的？"

客户："是的。"

销售顾问："所以你们行业很多客户都选择带有车载信息服务系统的车辆，这样可以让你们的出行更加方便和安全？"

客户："没错。"

销售顾问："那你们在考虑车载信息服务系统时，一般都考虑哪些因素呢？"

客户："第一，接通速度快不快；第二，人工导航准不准确；第三，服务好不好。"

销售顾问："那如果是这样，太好了。有一个特大好消息告诉您。我们在本周四下午专门邀请了信息中心的专家来讲解如何在偏远地区正确、安全使用导航的方法。考虑到您这边正需要这方面的信息，您可一定要来参加啊。不过现在剩下的门票已经不多了。"

客户："门票要钱吗？"

销售顾问："是的。这个门票售价是 50 元一张。不过看您和子璐聊得这么好，子璐手里还有一张剩余的门票，您要是确认过来，子璐就送给您好了。"

客户："真的吗？那太谢谢了。"

分析 在电话回访过程中，通过提出请教的方法，引出了客户的需求。继而提出到店参加活动的请求，并利用门票，强调活动的重要性与来之不易，有效地邀约客户再次到店。

问题 24 🎤

如何才能在电话中更好地打动客户？

01　情景呈现

王子璐是明星汽车 4S 店的销售顾问。本周六，公司要举办一场促销活动，要求销售顾问通过电话回访，邀约客户到店参加活动。

王子璐："张先生，您好，我是明星汽车 4S 店的销售顾问王子璐。我们本周六有一个促销活动，想邀请您来参加。"

客户："没空。"

王子璐："这个活动上有很多优惠。"

客户："说了没时间了。"

王子璐："哦。"

02　错误话术及分析

错误话术 1：

销售顾问："张先生，我们有一场活动，邀请您参加。"

分析　客户接到的有关活动的电话数不胜数，没有什么巨大的吸引力。

错误话术 2：

销售顾问："张先生，您来我们这次活动下定可以打八五折。"

分析 过早地暴露了优惠的幅度，一方面失去了活动本身的神秘感和兴趣点，另一方面，也使得销售顾问在客户到店后丧失了一定的议价空间。

03　思路讲解

客户电话回访环节，销售顾问所有的工作都是通过电话完成。比起在店面内的销售，缺少了表情、肢体语言和演示的展品及道具。因此，要想有效地邀约客户到店，通过语言打动客户非常重要。

情景中的销售顾问，只是使用了平淡的语句，向客户介绍了到店参加活动的时间和地点，这样很难有效提升客户到场的欲望。因此，我们要通过对邀约话术的设计来提升客户到场的兴趣。

常用的邀约话术，需要包括以下五个要素：

（1）活动的规模要盛大

客户平常接到的邀约电话肯定不止一两个，销售的竞争对手也会对客户提出各类活动的邀约。因此，对于普通的活动邀约，客户其实早已麻木。要想提升客户的兴趣，一定要把活动的规模介绍得更加盛大。

（2）活动的优惠要强调

对于有着购买需求的客户而言，价格的优惠一定是客户的兴趣点之一。因此，强调优惠可以达到有效吸引客户的作用。

（3）优惠的幅度要神秘

优惠具有强大的吸引力，但优惠的具体幅度切忌不可以在电话中告知，只要告诉客户在活动现场会宣布非常有吸引力的优惠就好了，否则一方面失去了活动本身的神秘感和兴趣点，另一方面，也会使销售顾问在客户到店后丧失了一定的议价空间。

（4）活动的礼品要准备

到店有礼，这也是吸引客户的有力噱头。即使不成交，也有礼品拿，给客户一种心理暗示，到店肯定不是白跑一趟。

（5）活动的机会要不易

通过门票、邀请函等一些限定性的措施，可以让活动显得更加有规模，同时让客户觉得参加活动的机会来之不易。

04　优秀话术示例

优秀话术：

销售顾问："您好，张先生！我是明星汽车4S店的销售王子璐，子璐这次打电话给您不是为了卖车的事情，您看现在跟您通电话方便吗？"

客户："你说吧。"

销售顾问："8月5—6日在万达中心我们将举办本市高端车车主论坛峰会，本次活动我们得到总部的支持。活动期间如果下定，据说有非常诱人的优惠，具体优惠价格领导还没公布，只在现场宣布，价格一定实惠。我们关系不错，子璐提前通知您，你到时一定要去看看！"

客户："我还在比较，不一定那么快下定啊！"

销售顾问："您就算不下定，听听讲座，尝尝美食，看看节目表演也绝对精彩，而且我们这次活动还有一个送礼品的环节。您只要去现场找到子璐，子璐就送您一份精美礼品。您要是现场下定，还有中2000万大奖的机会。"

客户："我有时间去吧。"

销售顾问："您知道吗？子璐今天打给您的电话价值100元，因为峰会的门票价值100元，您要去现场找我，我替您解决门票，只是门票相当紧张，我们每人只分配了10张门票。"

客户："那你给我留一张票吧。"

分析

1）"子璐这次打电话给您不是为了卖车的事情"，降低客户因为销售而产生的拒绝和排斥。

2）"8 月 5—6 日在万达中心我们将举办本市高端车车主论坛峰会"，利用峰会的话题，强调了活动规模的盛大。

3）"如果订车，据说有非常诱人的优惠，具体优惠价格领导还没公布，只在现场宣布，价格一定实惠"，强调了活动中的优惠，并且让具体的优惠幅度保持神秘感。

4）"您只要去现场找到子璐，子璐就送您一份精美礼品。您要是现场下定，还有中 2000 万元大奖的机会"，利用活动的礼品吸引客户到场。

5）"只是门票相当紧张，我们每人只分配了 10 张门票"，充分强调了活动的来之不易。

问题 25 🎤

怎么保障电话回访能成功再次约见客户？

01 情景呈现

王子璐是明星汽车 4S 店的销售顾问。本周六，公司要举办一场促销活动，要求销售顾问通过电话回访，邀约客户到店参加活动。

周二下午，王子璐就成功地通过电话邀约了六名客户，客户在电话里都同意届时到现场参加活动。

活动开始了，王子璐的客户却一个都没有到场。打电话过去，有的打不通，有的不接，有的说忘了，有的说临时有事来不了了。

明明都说要来，却一个也没来，这让王子璐好郁闷。

02 错误话术及分析

错误话术 1：

销售顾问："张先生，我们这次的活动您到时候会来吗？"

分析 这样的问话让客户在回复时不能做出确定的回答和承诺。什么时候到？几个人到场？多一些封闭性的承诺，才能多一些到场的概率。

错误话术 2：

销售顾问："张先生，届时我在活动现场等您。"

分析 没有给客户一点小压力，届时客户可能到场也可能不到场。

03 思路讲解

电话回访邀约客户再次到店或参加活动，最终成功要以客户实际到场为准。情景中的销售顾问，就是好不容易通过电话沟通让客户在电话中答应到场，但由于缺乏后续的跟进使得六名客户一个都没有到，让前期付出的努力全部功亏一篑。

我们可以看到，并不是客户在电话里简单地答应了再次到店或参加活动就会100％准时到场的，还需要销售顾问通过有效的话术和销售策略，提升客户的实际邀约到场率。

一般来说，销售顾问需要通过以下几个策略，提升客户的实际邀约到场率：

（1）邀约的确认要封闭

在电话邀约过程时，当客户做出到场承诺时，尽量让客户采用封闭的语句承诺。不要简单地只是通过"好"或者"来"这样的词汇确认客户一定到场，更不能凭借"到时看看""到时再说"这样的语言进行确认。

封闭的确认是要让客户自己明确讲出"确认到场"，最好还能加上"到场时间""到场人数"这些字眼。比如：

销售顾问："我是为您留一张门票还是两张呢？"

客户："一张就好了。"

销售顾问："那您是8:30过来是9:00过来呢？"

客户："8:30吧。"

（2）给客户留一点小小的压力

作为成年人，对于自己的承诺是需要履行的。做出到场承诺本身就是一个小压力。如果客户知道他的到场行为是销售顾问努力换来的，或者如果他要是失约没有到场，销售顾问可能会付出一些代价或面临处罚的话，那么无形中又给他增加了一点点必须到场的小压力。这也是利用互惠的心理，让客户难以拒绝。比如：

销售顾问："张先生到时候您可一定要来啊，我们发出去的门票要是客户没来，我们自己是要承担 100 元的门票费用的，我就这一张门票，好多客户要，我和您关系好，就给了您了。"

客户："好的，你放心，我会来。"

（3）　邀约完成到活动开始前还要反复确认

电话回访不是一次完成的。尤其是距离客户到场前还有较长一段时间的邀约，后期一定还要反复和客户确认，这样才能更有效地保障客户到场。

04　优秀话术示例

优秀话术：

（活动前五天给客户打电话）

销售顾问："张先生，那门票我就帮您订下来了，您到时是 8:30 还是 9:00 到，我在门口接您。"

客户："我 8:30 到。"

销售顾问："好的，张先生到时候您可一定要来啊，我们发出去的门票要是客户没来，我们自己是要承担 100 元的门票费用的，我就这一张门票，好多客户要，我和您关系好，就给了您了。"

客户："好的，你放心，我会来。"

（活动前四天给客户短信/微信）

销售顾问："您好，张先生。我是明星 4S 店的销售顾问王子璐，昨天刚刚跟您通过电话，咱们周六活动我已给您报上名了，恭迎您的到来，收到请您回复。"

（活动前两天给客户短信/微信）

销售顾问："您好，张先生。感谢您参加我们本周六的活动。这是给您的活动邀请信息。届时请您凭本信息领取门票入场。"

（活动前一天给客户电话）

销售顾问："张先生，您好，活动开始前还有个好消息通知您，咱们品牌的活动明天 9:00 准时开始，这次活动的政策是厂家特批的，所有车型优惠价格都由厂家支持，活动政策只限活动现场，所以提醒您一下，如果下定请带好订金，现场也可以刷卡。说好了，到时不见不散。"

分　析

1）运用了封闭的确认话术。

2）给客户留了一点小压力。

3）一次活动，五次反复确认。

第五章
CHAPTER

异议处理环节
——解决客户对车辆品质的质疑

问题 26 🎤

客户为什么会产生异议?

01 情景呈现

王子璐是明星汽车 4S 店的销售顾问。这一天,一对 40 岁左右的夫妻来看车,王子璐接待了他们。这对夫妻属于比较小心谨慎的客户,所以问题特别多。

客户男:"我听说这款车的发动机没有 B 车好啊!"

王子璐:"不会的,我们的发动机是在国际上获奖的。"

客户女:"你们还不是王婆卖瓜自卖自夸!"

客户男:"你报的价格虽然比 A 店便宜,但车的质量不会有问题吧? 不会是库存很久的车吧?"

王子璐:"您放心,品质上肯定是一样的,车的库存时长都是查得到的。"

客户女:"那你们自己改过了怎么办?"

王子璐:"这样的话,我怎么解释你也不信我啊!"

客户女:"我也担心选择这辆车到底合不合适啊!"

02 错误话术及分析

错误话术 1:

销售顾问:"不会的,我们的发动机是在国际上获奖的。"

分析　销售顾问没有揣摩客户提出异议的内心需求，只是强调发动机"获奖"，是没有任何说服力的。销售顾问这样回答，不会给客户的认知带来任何改变。

错误话术 2：

销售顾问："这样的话，我怎么解释你也不信我啊！"

分析　销售顾问不仅没有问清楚客户提出异议的原因，这样的回答方式还把自己放在了客户的对立面上。

03　思路讲解

客户异议是销售过程中必然会产生的问题点。对于汽车产品而言，产品品种多、品牌杂，客户难免会提出异议。

有些销售顾问一遇到客户提出异议就倍感紧张，要么认为是客户在刁难自己，要么认为是客户购买意愿不强。

其实，之所以产生异议，正是因为客户对产品有所关注。相反，如果客户对产品毫无兴趣，是根本提不出任何异议的。

我们可以看到，客户的异议不仅不是在为难销售顾问，反而是销售的机会。这就是俗话说的，"嫌货才是买货人"。

客户之所以会对产品产生异议，主要有以下四个方面的原因：

（1）客户要印证自己对产品的已有看法

其实，客户已经有了自己的认知，只是他要再得到一个肯定的印证。

（2）客户对产品有疑虑

客户是想要这个产品的，只是他有担心。但他的内心是希望这个担心是可以解决的，所以他才会提出来。他期待着销售顾问的回复，能为他解决这个担心和顾虑。

（3）客户希望被销售顾问说服，希望找到共同进退的"意见同盟者"

这时候的客户，其实已经没有什么疑虑了。他不过就是想找到一个人再次去认同他。他期待着销售顾问去说服他，让他确信有很多人和他的观点是一致的。

（4）为后期价格谈判埋下伏笔

找借口，找理由，为后期价格谈判故意而为之。

由此，我们可以发现，除了第四点"为后期价格谈判埋下伏笔"，客户产生异议的其他三个心理要素，都不是和销售人员站在对立面的，而是和销售人员站在同一条战线上。只要销售顾问让客户认同了自己，客户的异议自然就打消了。

如果销售顾问站到了客户的对立面，否认客户，这个时候无论销售顾问解释得再有道理，客户也难以接受。

因此，面对客户的异议，要把握的一个重要的原则，就是：

永远不要对客户说 No!

04 优秀话术示例

优秀话术：

客户："你们不会给我一辆库存很久的车吧?"

销售顾问："张先生，谁都担心自己提的是一辆不好的车。为了防止您担心的事情发生，厂家对我们的库存管理就有着严格的规定。"

客户："那你们会不会自己改库存日期啊?"

销售顾问："张先生，真细心。您担心得有道理。就是因为很多客户也有这样的担心，所以每辆汽车在出厂的时候，发动机和车架上都有厂家钢印的标识。这个是无法修改，无法涂抹的。厂家这样做，就是为了打消您的这类顾虑。"

分析 面对客户的异议，销售顾问不断揣摩客户提问的内心原因。不对客户说 No，和客户站在同一条战线上，打消客户的顾虑。

问题 27 🎤

面对异议如何有效引导客户？

01 情景呈现

王子璐是明星汽车4S店的销售顾问。这一天，一位客户来到店里，王子璐接待了他。客户表现出对车很懂的样子，一上来就开始挑毛病。

客户："我听说，你们日系车的铁皮薄？"

王子璐："怎么会？张先生，这都是以讹传讹、道听途说。我们的车安全性都是经过五星碰撞试验的。"

客户："我道听途说？这都是大家公认的了。"

王子璐："那都是外行，他们不懂。"

客户不高兴地说："就你懂！"

02 错误话术及分析

错误话术1：

客户："我听说，你们日系车的铁皮薄？"

销售顾问："怎么会？张先生，这都是以讹传讹、道听途说。"

分析 客户有异议，销售顾问用"以讹传讹""道听途说"来解释，是难以被人认同的。面对异议，销售顾问针锋相对，上来就站在客户的对立面，只会引来对方的反感。

错误话术 2：

客户："我听说，你们日系车的铁皮薄?"

销售顾问："我们的车安全性都是经过五星碰撞试验的。"

分析 客户刚提出了个"铁皮薄"的异议，销售顾问都没有弄清楚客户的意图，赶紧解释"安全性好"。解释没有错，但这样的解释不具有任何引导性，只是单纯地告诉客户"我们的车很安全"。不仅说服力差，而且会让客户觉得销售顾问面对这个问题很紧张，反而加深客户的疑虑。

错误话术 3：

销售顾问："那都是外行，他们不懂。"

分析 如此自大的回答，不仅不能让客户认同，反而加强了与客户对立的程度。

03 思路讲解

面对客户的异议，销售顾问的目标是：解决异议，让客户认同。所以，销售顾问所做的一切一定是从"被认同"这个角度出发。

很多销售顾问面对客户异议，都准备了很多话术，很自豪地告诉大家，你看这个客户被我说"赢"了，他"无力反驳"了，但重点是，你说"赢"了客户，客户"无力反驳"了，他就认同你了吗？

处理客户异议，"赢不赢"不重要，"认不认同"才是关键。要让对方认同，不是一句反驳的话或一个"权威"的证据就可以搞定，而是去不断地引导客户，一般来说，面对客户的异议可以通过迎合、垫子、主导的话术去引导客户。客户的异议多种多样，不可能在一本书里一一列举，但只要掌握引导客户话术的精髓，再配合有效的产品知识，每一类异议都可以有效地套用话术，做到以不变应万变。

第一步：迎合。

迎合的精髓就是要认同对方的表达，不否认客户，和客户站在同一战线。

比如：

客户："你们日系车铁皮薄。"

销售顾问："您说的对，和德国车相比，我们用的钢板材质的型号，和他们的确是不同的标准。"

不否认客户，首先要做到不和客户站在对立面，为后续引导客户"认同"打下基础。

第二步：垫子。

垫子就是在认同客户的基础上，强调其问题的普遍性，同时总结客户的问题，进一步明确客户提出异议的原因。比如：

销售顾问："您提到日系车铁皮薄，之前也有很多客户提到过。您说铁皮薄，主要是担心什么呢？我看和其他客户是不是一样。"

客户："当然是车辆的安全性了。"

销售顾问："果然，大家担心的都是一样。但后来他们都还是选择了我们日系车，因为他们发现铁皮薄不仅不会不安全，反而会更安全。"

客户提出的异议是"铁皮薄"，销售顾问利用"垫子"的方法："您说铁皮薄，主要是担心什么呢？"确认客户提出异议的原因是"担心安全性"。

一个人提出问题是问题，但是很多人都提出同样的问题，并能得以解决，这就不是问题了。接着，销售顾问就利用"垫子"的方法，强调问题的普遍性。"果然，大家担心的都是一样。但后来他们都还是选择了我们日系车，因为他们发现铁皮薄不仅不会不安全，反而会更安全。"

第三步：主导。

主导是解决异议的关键步骤，其目的是要掌握话语的主动权，为问题设立标准。

如果只是解释，首先客户可以去怀疑解释的公信力，其次客户可以再次去反驳。这样，客户的异议很可能无限循环下去。

当你掌握了话语的主导权，这个时候就不是简简单单回答客户的问题，向客户解释了。而是针对客户的异议给出一个判断其正确与否的标准。比如：

销售顾问："为什么铁皮薄，车还会更安全呢？因为，评定一款车的安全性，铁皮的薄厚只是三个方面的其中之一。"

客户："那其他两个方面是？"

当客户问到其他两个方面时，话语的主导权就已经掌握在销售顾问的手里。因为，此时无论销售顾问怎样回答，标准都是由销售顾问设定的了。这时候，销售顾问已经把客户对铁皮薄的质疑，转移到介绍车辆安全性判断标准上来了。

客户的异议纷繁复杂，不同的品牌、不同的车型、不同的客户、不同的时代，客户都会提出不同的问题。我没有办法在一本书里介绍客户每一个异议的处理话术。但在后面的几个章节里，我为大家挑选了 6 组在汽车销售中最常见的客户异议的话题，大多都会套用迎合、垫子、主导的话术模板去应对。大家可以根据话题的类型，举一反三，套用在汽车销售的实际过程中。

04 优秀话术示例

优秀话术：

客户："我听说，你们日系车的铁皮薄？"

销售顾问："张先生，您说的对，和德国车相比，我们用的钢板材质的型号，和他们的确是不同的标准。您提到日系车铁皮薄，之前也有很多客户提到过。您说铁皮薄，主要是担心什么呢？我看和其他客户是不是一样。"

客户："当然是车辆的安全性了。"

销售顾问："果然，大家担心的都是一样。但后来他们都还是选择了我们日系车，因为他们发现铁皮薄不仅不会不安全，反而会更安全。"

客户："怎么可能呢？"

销售顾问："为什么铁皮薄，车还会更安全呢？因为评定一款车的安全性，铁皮的薄厚只是三个方面的其中之一。"

客户："那其他两个方面是？"

销售顾问："一个是车辆的安全系统，比如气囊、安全带等。另一个是车辆的溃缩性对人的保护，因为安全性主要保护的不是车，而是车里的人。比如，坦克的铁皮厚，坦克里有个鸡蛋，当坦克受到了撞击，坦克也许不会变形，但鸡蛋一定会碎掉。易拉罐的铁皮薄，易拉罐里有个鸡蛋，当易拉罐受到了撞击，易拉罐会产生变形，但正是易拉罐的变形，吸收了外界的撞击，保护了里面的鸡蛋……"

分析 运用迎合、垫子、主导的话术，有效地将客户的异议转化为介绍产品的价值。

问题 28 🎤

客户说"你们的车质量不好"，怎么办？

01 情景呈现

王子璐是明星汽车 4S 店的销售顾问。这一天，一位 30 岁左右姓张的男性客户来到店里。客户看了车，对车的整体都比较满意，但对于发动机的性能不大放心。

客户："我听说，你们的发动机质量不好？"

王子璐："不会啊，张先生，我们的发动机可是在国际上获过大奖的。"

客户："可是人家都说你们发动机动力不足。"

王子璐："怎么会动力不足，他们都是以讹传讹。"

客户："你们自己肯定都说自己好。"

王子璐："我们发动机真的质量很好的。"

02 错误话术及分析

错误话术 1：

客户："我听说，你们的发动机质量不好？"

王子璐："不会啊，张先生，我们的发动机可是在国际上获过大奖的。"

分析 销售顾问都没有弄清楚客户的意图，赶紧解释"获过大奖"。解释没有错，但这样的解释不具有任何的引导性，只是单纯地告诉客户"质量好"，不仅说服力差，而且会让客户觉得销售面对这个问题很紧张，反而会加深客户的疑虑。

错误话术2:

客户:"可是人家都说你们发动机动力不足。"

王子璐:"怎么会动力不足,他们都是以讹传讹。"

分析 客户有异议,销售顾问用"以讹传讹"来解释,是难以被人认同的。面对异议,销售顾问针锋相对,上来就站在客户的对立面,只会引来对方的反感。

错误话术3:

客户:"你们自己肯定都说自己好。"

王子璐:"我们发动机真的质量很好的。"

分析 只呈现"质量好"的观点,没有事实依据作为引导,是很难被客户认同的。

03 思路讲解

在汽车销售过程中,只要客户提到发动机、变速器、外观、内饰、智能系统以及加装的精品件等一系列和车的功能自身相关的异议,都可以归结为对车的质量问题的异议。客户之所以会提出与质量问题相关的异议,一般是担忧车的某些功能无法满足自己的使用需求。

面对这类异议,销售顾问的重点是把客户对车的异议,引导到他的需求点上,找到满足其需求点的方法。这类异议,大多都可以通过迎合、垫子、主导的话术去引导客户。

第一步: 迎合。

客户: "我听说,你们的发动机质量不好?"

销售顾问: "张先生,您看车就看发动机,您可真专业啊!"

很多销售顾问担忧,迎合客户就是不否认客户,但客户说我们产品的质量不好，我们如果不否认他，不就是承认了自己产品的质量有问题了吗？其实，不否认客户不等于就要承认自己质量不好。

话术中的销售顾问既没有去否认客户的观点，也没有肯定客户的观点，反而是从对产品认知专业性的角度去迎合对方。你说我"质量不好"，我夸你"专业""细心"。中国有句古话："抬手不打笑脸人"，学会迎合客户，自然不会让客户感觉销售人员和自己站到了对立的一面。

第二步：垫子。

销售顾问："关于发动机的问题，其实之前也有很多客户提到过，但后来详细了解了还是选择了我们这的车。您觉得质量不好，主要是从哪方面看出来的呢？"

客户："动力不足。"

面对产品质量问题的异议，"垫子"的重要作用，就是从产品过渡到需求。由此，我们能发现，客户介意的并不是发动机，而是担心车的动力不足，那么接下来就没有必要在发动机的本身上纠缠过多，解决好车辆的动力问题就好了。

第三步：主导。

销售顾问："原来您关心的是动力啊。您这么专业，一定知道，看一辆车的动力好坏，发动机只是三个要素的其中之一。"

客户："那其他两个是？"

此时此刻，话题已经不是在讨论发动机的质量了，而是为一辆车动力的好坏设定标准。

04　优秀话术示例

优秀话术：

客户："我听说，你们的发动机质量不好？"

销售顾问："张先生，您看车就看发动机，说明您很专业啊！"

销售顾问："关于发动机的问题，其实之前也有很多客户提到过，但后来详细了解后还是选择了我们这的车。您觉得质量不好，主要是从哪方面看出来的呢？"

客户："动力不足。"

销售顾问："原来您关心的是动力啊。您这么专业，一定知道，看一辆车的动力好坏，发动机只是三个要素的其中之一。"

客户："那其他两个是？"

分析　运用迎合、垫子、主导的话术，有效地将客户的异议转化为客户的需求设定标准。

问题 29

客户说"你们的品牌没有 B 品牌的知名度高"，怎么办？

01 情景呈现

王子璐是明星汽车 4S 店的销售顾问。这一天，一位姓张的客户来店看车。这位客户近期比较了很多汽车品牌。

客户："我听说，你们的品牌没有 B 品牌的知名度高。"

王子璐："张先生，B 品牌是更高端，但我们的价格更实惠啊！"

客户："那你让我再想想再定。都说便宜无好货。"

02 错误话术及分析

错误话术 1：

销售顾问："张先生，B 品牌是更高端，但我们的价格更实惠啊。"

分析 在完全不了解客户提出异议动机的情况下就直接否认了自己的品牌。

错误话术 2：

销售顾问："张先生，您真外行，B 品牌怎么能和我们比呢？"

分析 否认客户，和客户站在了对立面。

错误话术3:

销售顾问:"张先生,我们品牌也是国际知名大品牌,去年还获得了五项国际级大奖……"

分 析 只顾自己去解释,未从客户异议的原因去分析。

03 思路讲解

客户用与其他品牌进行对比提出异议,在销售过程中是十分常见的现象。遇到这一类问题,销售顾问如果拿捏不当,很容易掉入难以自救的陷阱。常见的陷阱有以下三种:

(1)直接对客户说 No,否认客户,和客户站在对立面

直接拒绝客户,会让客户心里很不舒服。客户要么继续反驳你,要么对你心有不满。

(2)单一解释本品牌的优点

这样的回答很自信,对产品知识的了解也很充分。但是,仍然是只顾自己去解释,未从客户异议的原因去分析。解释得过多,客户未必认可。

(3)一味迁就客户,否认自己的品牌

上一节提到了要迎合客户,但迎合不等于一味迁就客户,更不等于否认自己的产品。本节的情景中,销售顾问在完全不了解客户提出异议动机的情况下就直接否认了自己的品牌。而这位客户并不是一定要买最便宜产品的客户,一句便宜没好货,让销售顾问完全没有再次解释的余地。

面对用竞争品牌作为对比提出异议的客户,仍然可以采用迎合、垫子、主导的话术策略进行应对。

第一步:迎合。

面对客户的异议,不一定要立刻做出解释。有的时候可以采用迂回的策

略先去迎合一下客户。这样一方面让客户对销售顾问更加有好感，另一方面销售顾问也给自己赢得一些思考的时间。比如：

销售顾问："张先生，看来您研究了不少汽车的品牌，可真是这方面的专家啊！"

第二步：垫子。

关于品牌知名度，不同的客户有不同的理解方式，使用垫子可以有效地了解客户就品牌提出异议的真实心理。比如：

销售顾问："对于汽车品牌知名度，很多客户也都提出过，您指的高端主要是看哪个方面呢？"

客户："主要看广告打得响不响嘛！"

第三步：主导。

客户提出竞争对手更好，但仍在店里听你耐心地讲解，说明客户对眼前这个品牌还是比较满意的。要不然他就直接选择其他的品牌了。他之所以提出这个问题，是想让你向他证明选择这个品牌的正确性。主导的方式就是将话题转向价值，设立标准，鼓励客户，让他坚信自己选择的是最合适的品牌。比如：

销售顾问："的确，一款汽车的品牌知名度好不好，广告效应是三个重要因素之一。"

客户："还有两个因素是？"

销售顾问："还有两个因素一个是业内的评价，比如我们品牌就是在业内获得了五项国际级大奖；另一个是用户的使用习惯。不知道张先生您平时是跑山地路面多还是高速多呢？"

客户："高速。"

04 优秀话术示例

优秀话术：

客户："我听说，你们的品牌没有 B 品牌的知名度高。"

销售顾问："张先生，看来您研究了不少汽车的品牌，可真是这方面的专家啊！对于汽车品牌知名度，很多客户也都提出过，您指的高端主要是看哪个方面呢？"

客户："主要看广告打得响不响嘛。"

销售顾问："的确，一款汽车的品牌知名度好不好，广告效应是三个重要因素之一。"

客户："还有两个因素是？"

销售顾问："还有两个因素一个是业内的评价，比如我们品牌就是在业内获得了五项国际级大奖；另一个是用户的使用习惯，不知道张先生您平时是跑山地路面多还是高速多呢？

客户："高速。"

分析　运用迎合、垫子、主导的话术，有效地将客户的异议转化为客户的需求设定标准。

问题 30 🎙

客户说"这款车确实不错，
但不适合我"，怎么办？

01 情景呈现

王子璐是明星汽车 4S 店的销售顾问。这一天，一位姓张的 50 岁左右的客户来店里看车。张先生此前已看了很多汽车品牌和车型，面对纷繁复杂的品牌，各式各样的车型，张先生显得无从下手。

王子璐根据经验为张先生推荐了一辆黑色的中级轿车。

客户："这台车看起来功能确实挺多，但我觉得不适合我啊！"

王子璐："我觉得非常适合啊！"

客户："你们自己肯定是推荐自己想卖的产品。"

02 错误话术及分析

错误话术 1：

销售顾问："张先生，我觉得非常适合啊！"

分析 销售顾问说"我觉得"，但事实上购买决策者是客户，这样的回答完全不从客户的角度考虑问题。

错误话术 2：

销售顾问："张先生，那您是想选其他品牌吗？"

分析 这样的回答看似是在让客户做选择，实际上是对自己推荐产品的不坚定。客户提出产品不合适，未必是想更换其他品牌，只是希望让销售人员能给自己一个更好的印证。这样一回答，反而分散了客户的注意力，让客户更加难以选择。同时，也降低了客户对销售顾问的信赖感。

错误话术 3：

销售顾问："张先生，听您一说，就知道您对汽车不了解。"

分析 面对客户的异议，直接否认客户，立即就和客户站到了对立面。

03 思路讲解

在汽车销售过程中，因为产品品类多，品牌杂，一般客户是不大了解的，需要销售顾问引导讲解，给客户推荐适合自己的产品。但是，总有些客户明明觉得还不错，但就是要挑毛病，说不适合。

客户之所以会说出这样的问题，主要有以下几点原因：

1）不懂装懂。

2）对产品有顾虑。

3）希望销售顾问反复帮自己印证产品适合自己。

4）为讨价还价做铺垫。

这个时候，销售顾问简单地回答适合或不适合，是无法有效解决客户疑虑的。一定要从客户的内心出发说服客户。

常用的销售策略如下：

（1）观察客户

当客户提出不适合或者不喜欢某个产品时，如果是真心拒绝，一般都会选择直接离开。如果客户并未马上离开，反而流连于产品的时候，说明客户并非是完全不认可，他是在找借口。这个时候销售顾问要分析出客户借口的真实原因，再有效应对。

（2） 探询原因

客户表示产品不适合，销售顾问不要急于用"是"或"不是"来应对，而应该主动询问客户这样说的真实原因。是因为觉得车辆的颜色不适合，还是产品的品牌不适合，或是觉得价格不适合。只要找到了客户内心真实所想，就能有效对症下药。

（3） 从众心理法

一旦找出客户提出产品不适合的真实原因，可以利用从众心理引导客户。告诉客户和他职业一致的绝大多数客户也选择了这款车，或者告诉他和他有相同喜好的客户大多数也都选择了这款车。

（4） 对比法

客户认为这款车不适合，说明心里对其他的车还有想法。一般来说，车的好坏是可以通过对比看得出来的。很多 4S 店里都有这类相关的道具。如果客户提出某款车不适合自己的时候，最有效的方法就是拿道具给他进行对比，用最直观的体验，打消他的顾虑。

（5） 赞美法

面对客户的异议，除了讲道理之外，别忘了顾及客户的情绪和感受，适时地给客户一些赞美。有的时候，客户听完了讲解，其实内心已经认可了，但为了顾及当初提出异议的面子，需要找个台阶来下，因此，适当地赞美，同样可以帮助客户打消顾虑。

04 优秀话术示例

优秀话术：

客户："这辆车看起来功能确实挺多，但我觉得不适合我啊。"

销售顾问："张先生，您觉得不适合，主要是觉得哪个方面不适合呢？"

客户："这么多功能都应该是年轻人玩的吧，我 50 多岁了，那些功能应该不好学吧！我更关心发动机、变速器。"

销售顾问："张先生，您看车，一下就能看到车的核心，真专业。可是，我看您现在用的是最新款的智能手机，这上面的功能，您都会用吗？"

客户："这个会，这些功能很简单。"

销售顾问："那就对了。其实今天的智能系统都是朝着简单化去设计的，我们车上的智能系统，比手机的功能简单多了。而且，这些系统根本不是给年轻人设计的，反而是给中年车主设计的。很多中年车主就是因为我们的智能系统，专门选择我们品牌的车的。"

客户："你说说看为什么？"

销售顾问："年轻人开车，精力会更旺盛，注意力会更集中，即使没有车道偏离辅助系统、自动刹车系统这些辅助功能，也相对安全。相比年轻人，中年车主开车时的注意力和精力要弱一些，更需要这些智能系统做辅助，保障行车安全。"

客户："是吗？"

销售顾问："当然了，买咱们这款车的客户，有90%都是像您这样的事业有成的中年客户。上次您看车时认识的李先生，昨天刚提走这款车。看来你们这些精英人士，眼光都不错。"

分析 先探询原因，再对比解释，最后利用从众心理和赞美法，有效地解决客户的异议。

问题 31 🎤

客户说"你们这个品牌我没听过"，怎么办？

01　情景呈现

王子璐是明星汽车 4S 店的销售顾问。这一天，一位 60 岁左右的女性客户来到店里，说是帮儿子看车。客户对于汽车品牌认知不多。王子璐给她介绍了几款车后。

客户："你们这个品牌，我没听过啊。"

王子璐："不会吧，这个牌子都没听过。"

客户："是啊，没听过的牌子还要这么贵啊？"

王子璐："一分钱一分货啊。"

02　错误话术及分析

错误话术 1：

销售顾问："我们的牌子，你都没听说过？"

分析　反问质疑客户，容易引起客户的反感。

错误话术 2：

销售顾问："我们的品牌很知名的。"

分析　知名与否，是要靠品牌解释去证明的，销售顾问仅仅说"知名"两个字，很难得到客户的信服。

03 思路讲解

销售中遇到对品牌不了解的客户是非常正常的情况，即使是再知名的品牌也不能保证每个人都知道。首次购车的客户的确是难以辨别。

作为销售顾问，绝不能认为自己知道的品牌，客户就也应该知道、了解，而应该对客户进行品牌解释，将专业的品牌知识带给客户，进而带动产品销售。

常用的销售策略如下：

（1）确认客户是否真的不了解这个品牌

当客户提出没听过这个品牌，有的是真的不了解，也有的只是一个托词，为讨价还价寻求砝码，或为自己的离开去找个台阶。销售顾问需要先确认客户的真实想法。

（2）迎合客户

当了解到客户真的没有听过这个品牌的时候，最好的方法就是迎合。客户听过其他的品牌而没有听过我们的品牌，说明我们的品牌宣传还有待提升。迎合客户可以让客户更有好感。比如：

销售顾问："张先生，真的抱歉，我们的品牌还没被您认识，看来我们的品牌宣传还有待提升。那汽车这块，您比较了解的日本豪华品牌有哪些呢？"

客户："雷克萨斯品牌。"

（3）使用垫子

通过使用垫子，就是强调客户话题的普遍性，为处理异议做良好过渡。比如：

销售顾问："的确，咱们广东这带的客户，对于雷克萨斯品牌的了解的确多一些。看来我们也应该多把品牌宣传工作向咱们广东地区靠拢。"

（4） 主导客户

用主导的话术掌握话语权，设立标准，为阐述品牌价值埋下伏笔。比如：

销售顾问："我们品牌是日系三大豪华汽车品牌之一。"

客户："还有两个是什么？"

销售顾问："还有两个，一个是英菲尼迪，另一个就是您熟悉的雷克萨斯了。"

（5） 阐述品牌价值

既然客户没有听过我们的品牌，那么作为一名销售顾问的重要任务就是对客户进行品牌讲解了。如果通过讲解能让我们的品牌深入客户心智，就能在后续实现销售。比如：

销售顾问："雷克萨斯是走大众化的宣传路线，而我们的品牌过去主要是走行业内的宣传路线。"

04 优秀话术示例

优秀话术：

销售顾问："张先生，真的抱歉，我们的品牌还没被您认识，看来我们的品牌宣传还有待提升。那汽车这块，您比较了解的日本豪华品牌有哪些呢？"

客户："雷克萨斯品牌。"

销售顾问："的确，咱们广东这带的客户，对于雷克萨斯品牌的了解确实多一些。看来我们也应该多把品牌宣传工作向咱们广东地区靠拢。我们品牌是日系三大豪华汽车品牌之一。"

客户："还有两个是什么？"

销售顾问："还有两个，一个是英菲尼迪，另一个就是您熟悉的雷克萨斯了。雷克萨斯是走大众化的宣传路线，而我们品牌过去主要是走行业内的宣传路线。"

分析 迎合客户，使用垫子强调问题的普遍性，再通过主导的方法设立标准掌握话语权，最后转向阐述品牌价值。

问题 32 🎤

客户说"你们就是王婆卖瓜，自卖自夸"，怎么办？

01　情景呈现

　　王子璐是明星汽车4S店的销售顾问。这一天，王子璐向一位客户推荐了一款SUV，客户觉得价格有点贵。于是，王子璐便耐心地向客户阐述这款车的价值。从品牌到性能进行了一系列的对比。可听完介绍，客户却冷冷地丢下了一句话。

　　客户："你们就是王婆卖瓜，自卖自夸嘛！"

　　王子璐听了心里很不是滋味。

　　王子璐："您要是这么说，我也没办法。"

02　错误话术及分析

错误话术1：

销售顾问："您要是这样说，我也没办法。"

　分析　这完全是销售顾问赌气的说法。

错误话术2：

销售顾问："反正我怎么说，您都不相信。"

　分析　这样的话术看上去是在向客户示弱，但同样会让客户感到尴尬，甚至站在对立面。这是告诉客户，客户对销售顾问缺乏基本的信任感。而事实上，客户的言语未必是真的对销售顾问没有信任感。

03　思路讲解

销售顾问在进行产品介绍时，被客户说成是"王婆卖瓜，自卖自夸"是经常的事情。中国的传统文化主张的理念是谦逊。而商人的夸耀式语言，自然容易让客户形成"王婆卖瓜，自卖自夸"的印象。

然而，从销售的角度而言，自卖自夸并没有任何错误。"自卖自夸"，实际上是从客户的需求出发，突出产品的特点、优点和利益点。只要"夸"得有理有据，不是过度吹嘘和虚假承诺，销售顾问大可不必在意客户这样的言辞。

如果销售顾问此时过分在意，心里抵触反而丧失了销售的机会，相反销售顾问是可以轻松幽默地迎合客户，主动掌握话语权，进一步诠释产品的优势，并适时地使用垫子。

常用的策略如下：

（1）　幽默地迎合客户

客户说我们"王婆卖瓜，自卖自夸"，未必是对我们产品的不认可。如果他真的不认可，完全没有必要花这么久的时间来听我们介绍。嫌货才是买货人，客户能耐心了解这么久，说明对我们的产品是有兴趣的。

客户之所以这么一说，可能是为了后续的讨价还价留下伏笔，也可能就是无心之语。此时，销售顾问也不必一板一眼地针锋相对。用一句幽默的话去迎合客户，一方面可以缓解尴尬的气氛，另一方面可以赢得客户的好感。比如：

销售顾问："张先生，您真有洞察力，我们对这款车还真是在自卖自夸了。因为其他的品牌，我们都不敢这样夸，就我们品牌才有自信铆足了劲去夸。"

（2）用体验与演示的方法打消客户顾虑

客户之所以会说销售顾问"王婆卖瓜，自卖自夸"，可能是因为他自身对产品的不了解。由于产品的功能太新，客户之前没有见过，而仅仅通过语言的描述，又无法有效地诠释产品的全部特质。因此，客户会把我们之前的描述理解成为只是一个噱头。这个时候最有效打消客户疑虑的方法就是体验与演示了。通过体验和演示，真理不辩自明。因此，销售顾问要把话题转移到体验和演示上来。

（3）使用垫子

通过使用垫子，就是强调客户话题的普遍性，给客户一个台阶下。比如：

销售顾问："其实像您刚才提出的问题，此前也有不少客户提出过，但他们看了演示，顾虑都解决了，我想您也是一样吧！"

04　优秀话术示例

优秀话术：

销售顾问："张先生，您真有洞察力，我们对这款车还真是在自卖自夸了。因为其他的品牌我们都不敢这样夸，就我们的品牌才有自信铆足了劲去夸。您还不相信的话，我演示给您看。我们这款车的智能泊车系统，可以在车上没有司机的情况下完成自动泊车。您看，没有这款智能泊车系统的车，在这样不规则的停车位面前，如果不是经验非常丰富的老司机，恐怕很难准确泊车入库。但现在我开启这款车的自动泊车系统。您看，车上没有人，车通过雷达已经识别了周围的环境，并准确计算出入库的精确路线，这不精准地开进停车位了嘛！没有任何一点剐蹭。其实像您刚才提出的问题，此前也有不少客户提出过，但他们看了演示，顾虑都解决了，我想您也是一样吧！"

　分析　轻松幽默地迎合客户，主动掌握话语权，进一步诠释产品的优势，并适时使用垫子。

问题 33

客户认可我们的产品，但客户的太太
不认可，怎么办？

01 情景呈现

王子璐是明星汽车 4S 店的销售顾问。这一天，张先生夫妇来到店里看车。王子璐推荐了近来非常热门的一款车，张先生看起来兴致勃勃，张太太的态度却有些冷淡。

张先生："我觉得这款还不错。"

王子璐："张先生，喜欢的话就赶紧定下来啊。"

张太太："再看看吧。"

王子璐："张先生，现货只剩下最后一台了，您要赶紧拿主意啊。"

张太太："我不喜欢。"

王子璐："哪里不好了？"

张太太："外形看得别扭。"

王子璐："这个还是要张先生自己拿主意哦！"

张先生："我还是回去和太太再商量一下吧。"

02 错误话术及分析

错误话术 1：

销售顾问："哪里不好了？"

分析 这是一个典型的攻击性的话术，会引起客户家人的反感和对立，同时这种情绪也会传染到客户身上，使得我们失去销售机会。

错误话术2：

销售顾问："这个还是要买车的人自己决定才好。"

分析 这样的话术，是在离间客户和家人，会引起其家人的更大不满。此时，客户的家人会进一步劝说客户，影响其选择、决策。

错误话术3：

销售顾问："……"

分析 对于客户家人的观点不理不睬，会使对方觉得得不到起码的尊重。为了凸显自己的存在感，客户的家人可能还会提出更多的反对意见。

03 思路讲解

客户来到汽车展厅，往往都是由家人或朋友陪伴而来。一般来说，对于汽车而言，一个家庭往往更多是由先生做决策，但太太的意见也会对先生的决策起着重要的影响作用。

在销售过程中，千万不要忽视了客户的家人。不可以对客户的家人不理不睬，更不可以与之激烈争论。如果这样，很容易失去销售机会。销售顾问要与客户的家人建立友好的关系，化被动为主导，为客户推荐合适的产品。

当客户的家长提出异议时，销售顾问不要操之过急，更不要乱了阵脚，而要有计划有步骤地引导客户。即便是这次销售没有成功，也要让我们的品牌在客户的心中留下印象。

常用的销售策略如下：

（1）赞美其家人，了解其内心真实所想

客户的家人提出不同的观点或是反对意见一定有其内在的原因。一般来说，以下三种原因最为常见：

1）自身另有喜好。

2）希望自己受到重视，故意提出不同观点。

3）为讨价还价埋下伏笔。

对于这样的情况，销售顾问一定不要慌了阵脚，要保持态度的平稳，对客户家人提出的不同观点表示感谢，再询问其内心的真实想法。比如：

销售顾问："张太太，真看不出，您对车也这么了解，而且观察又细致，真是张先生的贤内助。您希望再看看主要是在考虑哪个方面呢，您觉得什么样的款式更适合张先生呢？"

（2）使用打岔的方法，避开不同意见，谈共同的喜好

了解了客户家人的喜好和想法之后，销售顾问不要在不同的观点上做过多的纠结。因为主要决策人是认可的，如果解释太多，反而容易引起决策人的过多想法。同时，和客户的家人站到了对立面上。可以采用打岔的方式故意避开不同意见，谈谈客户与其家人都认可的内容，同时让客户的家人感到受重视。比如：

销售顾问："感谢张太太的建议，张太太提到喜欢更有线条感，一听就知道很有审美天赋。跟着这么好的太太来看车，相信我们一定能帮张先生选择一款最合适的车。您看，刚才张先生喜欢的这款如果加装上大包围，就具有完美的线条设计了……"

（3）关注客户家人，与其站到同一战线

在整个销售过程中，一定要始终用目光关注客户的家人，表示对其的尊重，同时尽可能通过交谈，和客户的家人达成共识，在同一战线上为客户选择商品。

04 优秀话术示例

优秀话术：

销售顾问："张太太，真看不出，您对车也这么了解，而且观察又细致，真是张先生的贤内助。您希望再看看主要是在考虑哪个方面呢，您觉得什么样款式的车更适合张先生呢？"

张太太："我觉得他更适合线条感强的款式。"

销售顾问："感谢张太太的建议，张太太提到喜欢更有线条感的，一听就知道很有审美天赋。跟着这么好的太太来看车，相信我们一定能帮张先生选择一款最合适的车。您看，刚才张先生喜欢的这款车如果加装上大包围，就具有完美的线条设计了……"

分析 淡定地面对客户家人的不同观点，找到三个人之间的共识，才能从容地帮客户做出最合适的选择。

第六章

CHAPTER

议价谈判环节
——成交前的临门一脚

客户说"你们的车还可以，就是太贵了"，怎么办？

01 情景呈现

王子璐是明星汽车 4S 店的销售顾问。这一天，张先生再次来到店里看车。经过前几次的产品介绍和试乘试驾，张先生选中了一款车，对于车辆比较满意。

客户："你们这款车还不错，就是太贵了。"

王子璐："已经不贵了，以前更贵。"

客户："这个价还叫不贵啊？！"

王子璐："张先生，一分价钱一分货嘛。"

客户："车好，也太贵了，人家都没这么贵。"

02 错误话术及分析

错误话术 1：

销售顾问："已经不贵了，以前更贵。"

分析 直接否认客户，很难说服客户，容易和客户站到对立面。

错误话术 2：

销售顾问："一分价钱一分货。"

分析 看似是在说价值，其实语言会让客户感到被轻视。

错误话术3：

销售顾问："那您说多少钱合适？"

分析 过早地让客户报价会使销售顾问陷入被动。

03 思路讲解

讨价还价，是销售中最常见的异议了。客户永远都是希望买到价廉物美的产品，抱怨价格贵是客户的习惯。客户会找一系列的理由去告诉销售顾问，产品价格太贵，希望能便宜些。但并不是每一次客户谈到价格，销售顾问都要针对价格去反复讨论。如果销售顾问不能让客户充分认识到产品带给他的价值，客户会一直认为价格贵，无休止地陷入价格谈判当中。

一般来说，在一次销售过程中，客户主要有三次讨价还价的时机：

（1）口头要求

口头要求往往就是随口说"这车怎么这么贵啊""能不能便宜点"之类的话题。

（2）拿各类竞争对手进行对比

当客户对产品有一定了解之后，往往会搬出竞争对手进行对比，力求讨价还价。比如其他品牌、同城其他店、网店等。

（3）最后的"通牒"

这是客户在对产品完全了解，也发出购买意向后，成交之前的最后压价。

从这三个时机，我们可以看出，只有最后"通牒"的环节是与价格直接相关的，其他的两个环节，客户都还未做出购买决定，过多的价格谈判只会让销售顾问在后续商谈中失去价格的谈判底线。因此，除了最后通牒环节的讨价还价，面对其他价格异议并不适合直接进行价格谈判，而更应该把价格转化为价值。

上述情景中的客户价格异议，是典型的口头要求，这个时候销售顾问容易产生的情绪要么是惊慌失措，要么是生气。

最常见的销售顾问不当的应对有以下三种：

（1）对客户说不贵

这是直接对客户的否认，很难说服客户，容易和客户站到对立面。

（2）对客户说"一分价钱一分货"

这样表达看似是在说价值，其实语言会让客户感到被轻视。

（3）让客户报价

这是最不可取的方法，因为此刻销售环节还未进行到最终谈价格，客户报价会过早地让销售顾问陷入被动。

面对这样的问题，销售顾问可以使用迎合、制约、垫子、主导的四步策略，将产品的价格问题转移到价值上来。

具体销售策略如下：

（1）迎合

夸奖客户有眼光，产品选得好。

（2）制约

承认这款产品的价格是稍稍有些贵，而且优惠幅度不大。这样为后续的谈判增加砝码。

（3）垫子

告诉客户他提出价格贵的问题其实是具有普遍性的，并指出比起同类产品贵出的价格部分。更要告诉客户虽然贵一点点，但绝大多数客户都选择了我们的产品。

（4）主导

告诉客户我们的产品贵的原因，把价格转移到价值上来，并设立标准。

04 优秀话术示例

优秀话术：

客户："这款车倒是不错，就是价格太贵了。"

销售顾问："张先生，您可真有眼光，一下子就选了我们最热卖的车型，的确这款车是不便宜，优惠幅度也是所有同类产品里最小的。之前有很多客户看了我们这款车，也提出价格贵了点。的确，在 20 万~30 万元这个产品区间里，我们的产品比最便宜的要贵 2 万元。咱们这个产品之所以贵一点点，主要贵在三个方面。"

客户："哪三个方面？"

销售顾问："第一个方面，我们的车……"

（这个时候销售顾问就已经把谈价格的话题转移到介绍价值上来了）

分析 销售顾问使用了迎合、制约、垫子、主导的话术，成功将客户随口提出的价格话题，转移到了产品价值上来。

问题 35 🎙

客户说"你们的价格比同级别
B 品牌贵很多",怎么办?

01 情景呈现

王子璐是明星汽车 4S 店的销售顾问。这一天,张先生来到店里看车。根据张先生的需求,王子璐介绍了一款店里最近热销的 SUV。

客户:"你们车的品牌和 B 品牌差不多,每款车的价格却贵很多啊!"

王子璐:"没贵多少啊!"

客户:"我看过他们的车,都比你们便宜。"

王子璐:"那我也没办法了,这个价是厂家定的。"

02 错误话术及分析

错误话术 1:

销售顾问:"没贵多少啊!"

分析 这样的回答即使客户可以接受,也不具有影响力,很难为最终的价格谈判赢得砝码。

错误话术 2:

销售顾问:"B 品牌怎么能跟我们比。"

分析 无论竞争对手的品牌,实际是在我们之上还是之下,这样的言语都会让客户觉得没面子，导致对立的情绪。品牌的好坏应该由客户评价，而不应该由销售顾问自说自话。

错误话术 3：

销售顾问："那我也没办法了，价格是厂家定的。"

[分析] 这既是对客户的不负责任，也是对销售顾问自己不负责任。

03　思路讲解

这是典型的客户利用竞争对手讨价还价的话题。客户对价格有着天生的敏感，其实价格高低对于客户而言只是一种感受。这种感受很大程度又是来自于和竞争对手的对比。一般来说，客户对于品牌知名度高且质量好的产品愿意支付高价，对于品牌知名度低但质量好的产品愿意支付中价格，对于品牌知名度低且质量不好的产品会拒绝购买。

上述情景中，客户就是找到了一个相近品牌，提出我们品牌的价格比对方贵。由此，我们能看出，此时客户心理对于两个品牌的定位是差不多的，因此希望在价格上找到平衡感。

面对情景中的价格异议，销售顾问最常见的不当应对有以下三种：

（1）不承认我们的价格贵

这样的应对没有什么说服力，更像是销售顾问的自言自语，对客户几乎是产生不了什么影响的。

（2）立即否认对方的品牌

否认对方的同时，其实也是在否认客户的观点，容易和客户站到对立面。

（3）表示无奈

这实际是一种逃避的表现。其实，我们仔细分析客户的心理就可以发现，此刻的客户对我们的品牌和产品是认可的，只是在价格方面有异议。当然，他对 B 品牌也是有所了解，但内心对 B 品牌一定还有顾虑。否则，客户就会直接选择 B 品牌的产品了。目前，客户仍然处在寻找价格谈判砝码的阶段，并没有正式进入最终价格谈判环节。销售顾问尽量不要立即去谈价格，而应该继续从价值的角度引导客户。而这个价值就是两个品牌间的平衡点。

销售顾问要非常了解竞争对手的品牌和产品，根据竞争对手产品的实际情况选择合适的谈判方向。

一般来说，客户提出的竞争品牌和我们的品牌之间的关系有以下几种：

（1）竞争对手实际品牌力低于我们，实际价格也低于我们

这个时候就需要向客户强调我们品牌的影响力和价值。

（2）竞争对手实际品牌力和我们一致，实际价格低于我们

这个时候就需要从品牌转向产品，通过产品的优势引导客户。

（3）竞争对手实际品牌力和我们一致，但实际价格高于我们

如果销售顾问能确认竞争品牌的实际价格是高于我们的，那么就说明客户的言辞是故意而为之，或客户对竞争品牌的实际价格并不了解。这个时候，销售顾问则可以放下包袱轻松引导，但千万不要直接反驳客户，这会让客户感到没面子，产生对立情绪。

面对这样的问题，销售顾问可以使用以下四步策略，将产品的价格问题转移到价值上来：

（1）感谢客户

感谢客户对我们的产品品牌的认可。

（2）迎合客户

称赞客户对品牌了解得多。

（3）设立标准

告诉客户产品价格的决定因素有何标准，品牌只是其中之一。

（4）突出优势

把价格转移到价值上来，突出我们产品的优势。

04 优秀话术示例

优秀话术：

客户："你们的品牌和 B 品牌差不多，每款车的价格却贵很多啊！"

销售顾问："张先生，非常感谢您对我们品牌的认可。看来您研究过不少品牌，可真专业啊。的确，纵观市场，B 品牌和我们都属于高端品牌。从市场排名上看，我们第一，他们第二、第三的样子。但是，看一款车的价格高低，品牌只是三个要素其中之一。"

客户："还有两个是什么？"

销售顾问："还有两个，一个是……"

（这个时候销售顾问就已经把谈价格的话题，转移到介绍价值上来了。）

分析 面对客户利用竞争品牌来压价，销售顾问顺着客户的话题，迎合客户，同时设立标准，突出了我们的产品优势。

问题 36 🎤

客户说"这款车其他店
比你们便宜",怎么办?

01　情景呈现

王子璐是明星汽车 4S 店的销售顾问。这一天,客户张先生准备订购一款紧凑型轿车,王子璐给了张先生一个报价。

客户:"同样这款车同城的另一家 4S 店 B 店报价就比你们低。"

王子璐:"我们提供的服务比他们好。"

客户:"再便宜点吧,你和他们价格一样我就定了。"

王子璐:"这个真少不了了。"

02　错误话术及分析

错误话术 1:

销售顾问:"我们的服务比他们好。"

分析 找差异化和价值点是没错的,但是简单地说服务好,没有足够的说服力。

错误话术 2:

销售顾问:"他们便宜多少?"

分析 过早地陷入讨价还价的环节,降低了自己的谈判砝码。

错误话术3：

销售顾问："他们怎么能跟我们比呢？"

分析　无论客户是随便说说，还是有真凭实据，销售顾问立即否认客户，都是不给客户面子的表现，很容易树立对立情绪。

03　思路讲解

这还是客户利用竞争对手讨价还价的话题。上述情景中，客户找到的是一款相同的车，提出同样是4S店，同城的另一家店比我们更便宜。这个时候，销售顾问就必须针对具体情况进行分析，采取不同的策略。

常见的情况有以下三种：

1）客户只是随便说说，想试探底价。

2）客户说的有真凭实据。

3）客户就是在两家店中周旋，力求在两家店的竞争中得到一个最低的价格。

面对客户这样的异议，销售人员前期要对竞争对手4S店有充分的了解，及时判断出客户的目的性。常见的销售顾问的不当应对有以下三种：

（1）立即否认客户

无论客户是随便说说，还是有真凭实据，销售顾问立即否认客户，都是不给客户面子的表现，很容易树立对立情绪。

（2）用服务好搪塞客户

这很明显是在搪塞客户，而且完全是在自说自话，没有任何说服力。

（3）问客户的心理价位

过早地陷入了讨价还价的环节，降低了自己的谈判砝码。

其实，只要我们去分析客户的心理，同样可以根据客户的需求寻找出我们的价值点。

首先，如果客户只是随便说说，想试探我们的底价，那我们大可不必谈降价的话题，只要解释出价格的合理性就好了。当然，也不要立即反驳客户，说他在说谎，这样会让客户觉得没有面子而产生对立情绪。但要在交谈的过程中让客户知道，我们很清楚 B 店的产品售价是不低于我们的。

其次，如果客户的确有真凭实据，那么我们就要去分析，既然是同样的产品，同样的 4S 店，对方的价格更低，客户还在我们店里选择产品，说明我们一定有比竞争对手更适合客户需求的地方。比如地理位置、更多的赠品等。这个时候我们仍然需要把价格转移到价值上来，但不要简简单单地说服务好，这样是没有说服力的。

再次，如果客户就是想在两家店中周旋，力求在两家店的竞争中得到一个最低的价格。这时候我们可以给出象征性的降价，如果象征性地降价后，客户还是坚持说价格太高，就要把握时机，以立即成交为条件再退一步。

04 优秀话术示例

优秀话术 1：

客户："同样是这个车，B 专营店就比你们便宜。"

销售顾问："张先生，不瞒您说，我就是一个月前刚从 B 专营店调过来工作的。这个品牌厂家一直都是保持同城同价的，为的就是保证质量和品牌在客户心目中的地位。要是 B 专营店真能给出更低的折扣，而且符合厂家的要求，那我们一定也可以给您。我现在就可以帮您打电话给 B 专营店。"

分析 在明确知道客户是随口问问的前提下，打消客户用竞争对手压价的念头，同时不伤客户的面子。

优秀话术 2：

客户："同样是这个车，B 专营店就比你们便宜 1000 元。"

销售顾问："张先生，看来您真的是有备而来啊，的确这款车我们比 B 店贵了 1000 元，但您知道我们为什么贵这 1000 元吗？"

客户："为什么？"

销售顾问："首先，我们店的地理位置是在市区，B 店是在郊区，这个车送了您 10 次保养服务，您想想如果您每次保养都要开车到郊区去，来回的油费也不止 1000 元了吧。其次，我们赠送了您一年免费洗车的服务……"

分析 找到比竞争对手更合适客户需求的地方，把价格转移到价值上来。

问题 37 🎤

客户说"网上的报价就比你们便宜"，怎么办？

01　情景呈现

王子璐是明星汽车4S店的销售顾问。这一天，客户张先生前来看车，王子璐向张先生介绍了一款中级轿车。张先生对车辆表示认可。

客户："网上这款车报价比你们便宜很多啊！"

王子璐："网上的也能相信吗？"

客户："为什么网上的不能相信？"

王子璐："那都是为了招揽客户的噱头。"

客户："你怎么知道人家是噱头？"

王子璐："那你去网上买吧。"

02　错误话术及分析

错误话术 1：

销售顾问："网上的也能相信？"

分析 未经查证，武断地下结论，只会让客户觉得销售顾问过于极端。

错误话术 2：

销售顾问："那你去网上买吧！"

分析 这是极不礼貌的行为，也是在把客户往门外赶，最终只能换来销售的失败。

错误话术 3：

销售顾问："那都是为了招揽客户的噱头。"

分 析 这样的应对有一定的道理，但说服力还不够强，没有给客户一个
可以接受的理由，去解释清楚价格出现差异的原因。

03　思路讲解

互联网时代的今天，客户利用网上价格和线下价格对比进行讨价还价的
现象越来越多。为了更好地提升到店转化率，网上的一些汽车产品的报价的
确低于线下的实际报价。很多销售顾问对客户这类的比较感到非常反感，甚
至对提出这类异议的客户流露出蔑视的态度。不仅在汽车行业，很多实体店
的销售顾问都有这样的现象。

常见的销售顾问的不当应对有以下三种：

（1）恶意诋毁网上的报价

未经查证，武断下结论，只会让客户觉得销售顾问过于极端。

（2）流露出对客户的轻蔑

这是极不礼貌的行为，也是在把客户往门外赶，最终只能换来销售的
失败。

（3）强调网上的报价只是为了招揽客户，不是实际购车价

这样的应对有一定的道理，但说服力还不够强，没有给客户一个可以接
受的理由去解释清楚价格出现差异的原因。

作为销售顾问必须清晰地看到，互联网销售是一种大的趋势，这种趋势
只会愈演愈烈。如果 4S 店的销售顾问仅仅是一味地去排斥，那早晚会让自己
陷入被革命的深渊。虽然汽车在网上的报价比 4S 店的实际售价低，但至少在
目前的市场条件下，汽车产品毕竟还不是服装和化妆品，汽车产品在线下销

售仍然有着不可取代的优势。面对客户这样的异议，销售顾问就是要充分发挥出 4S 店的优势，把价格转化为价值。

常用销售策略如下：

（1）承认价格差异

认可互联网上的报价会更低一些。

（2）设立产品价格的定价标准，突出 4S 店的价值

不要把价格仅仅设定在产品本身上，提出更多的价格成本，让客户感受到 4S 店更加便利的价值。

（3）消极暗示

可以适当地给出一些一味相信网上报价的不利因素，暗示客户。

04　优秀话术示例

优秀话术：

客户："网上这款车的报价比你们的价格便宜很多啊！"

销售顾问："张先生，看来您做了不少比较，的确网上这款车的报价是比我们要低，但您知道，购车不同于买衣服和化妆品，今天我们绝大多数客户购车都是在 4S 店购车，所以您看到的网上的报价也是我们 4S 店的报价。"

客户："那为什么到了你们店里，价格就比网上高了呢？"

销售顾问："网上的价格是给您对于这款车的一个参考价，但我们知道买车不同于买衣服，不是拿了就走的。这里还包括上牌、保险、保养、精品、金融按揭等一系列的我们 4S 店的服务。因此，4S 店给您的报价，是一个多项服务整合的报价，当然会比网上的参考价要贵一点点了。"

分析　面对网上更低的报价，充分发挥出 4S 店的价值，从客户需求出发，赢得客户。

问题 38 🎤

客户说"还能再给我便宜多少",怎么办?

01 情景呈现

王子璐是明星汽车4S店的销售顾问。这一天,客户张先生前来购车。张先生选择了一款SUV,另外选购了导航、贴膜以及一个售后保养套餐。经过几轮讨价还价后,张先生给出了最后的"通牒"。

客户:"还能再给我便宜多少?"

王子璐:"不好意思,已经是最低价了。"

客户:"这就最低价了,你们也太没诚意了。"

02 错误话术及分析

错误话术 1:

销售顾问:"可以再便宜1000元。"

分析 毫无铺垫地直接让价,客户必定会在销售让价的基础上继续讨价还价,这样就失去了谈判的底线。

错误话术 2:

销售顾问:"不好意思,真的不能再少了。"

分析 这样的方式太过直白,直接拒绝了客户的降价请求,相当于是在下逐客令。

错误话术 3：

销售顾问："价格不能再降了，但我们可以送您礼品。"

分　析　无形中让自己的底牌过早暴露，客户完全可以在索要礼品之后再度讨价还价。

03　思路讲解

价格是影响消费者购买行为的重要因素之一，一般来说，价格的谈判也是销售流程中临门一脚的环节。随着客户对产品的深入了解和不断比较，最终确定了选择我们的产品，这个时候就到了利用价格谈判促成成交的环节了。

在客户下最后"通牒"的环节，很多销售顾问容易产生慌张的情绪，怕不让价格客户就不买了，又怕让了价格利润太低，更怕客户没完没了地不断压价。

常见的销售顾问的不当应对有以下三种：

（1）直接让价

当客户提出要再便宜点时，销售顾问毫无铺垫地直接让价，客户必定会在销售让价的基础上继续讨价还价，这样就失去了谈判的底线。

（2）拒绝客户

告诉客户无法再让价，这样的方式太过直白，直接拒绝了客户的降价请求，相当于是在下逐客令。

（3）赠送礼品

此时拿出礼品最为不当，无形中让自己的底牌过早暴露，客户完全可以在索要礼品之后再度讨价还价。

面对上述情景中的最后"通牒"，销售顾问并不是要简单地做出让价或者摆出不予让价的态度，而是要控制住客户对价格的期望值，缩小客户的

价格期望与我们的价格期望之间的差距，这样无论后续是否让价，都可以
在谈判中获得先机。

控制客户的价格期望值，就是要了解客户讨价还价的真实心理。其实
客户讨价还价，要的并不是简单的便宜多少钱，而是一种"占便宜"的心
理。所谓"占便宜"就是在同等标准固有的基础上，感觉到与众不同的心
理优势。

比如说，我们平时买一个普通的冰激凌雪球价格也就在 3~5 元，如果这
个雪球卖到 15~20 元，我们就会感觉"贵"。此时，这个"贵"是基于雪球
是普通的雪球而言。然而，一个哈根达斯品牌的冰激凌雪球平时的售价是在
39 元，如果此时售价在 15~20 元，我们就会觉得"便宜"，而这个便宜是基
于其过往售价的一种心理感受。

因此，我们的话术就是要缩小客户对价格的期望值，一旦降价，让他充
分感到"占便宜"。

04　优秀话术示例

优秀话术：

客户："还能再给我便宜多少？"

销售顾问："张先生，您太有眼光了，您看的这款车，是我们店里优惠幅
度最小的。"

客户："那到底能便宜多少？"

销售顾问："这样，张先生，我要说完全没优惠您也不信，但我给您报价
前想问您个问题？"

客户："什么问题？"

销售顾问："我报完价之后您还压价吗？要是您还准备压价，我就给您少
优惠一点，让您再压一次，要是您说不再压价了，我就给您报个底价，但您
得答应我咱们今天就成交。"

客户："你别废话了，合适了我今天就可以定下来。"

销售顾问："那您给我一个您觉得今天可以定下来的价位?"

客户："再便宜 3000 元。"

销售顾问："3000 元? 您开玩笑吧! 我以为您是希望优惠 100～200 元呢!"（大吃一惊的感觉）

客户："怎么了?"

销售顾问："这个价格要是可以的话，您卖给我，我都要，已经大大低于我们成本价了。咱们可是豪华品牌的车啊。"

分析 在给客户降价之前，先从心理上降低客户对价格的期望值。

问题 39 🎙

客户说"再便宜点我就定"，怎么办？

01 情景呈现

王子璐是明星汽车 4S 店的销售顾问。这一天，客户张先生选购了一台 SUV 并加装了一套汽车的大包围配饰。张先生对产品非常满意，但一直在不断压价。经过几轮讨价还价后，王子璐已经做出了 3000 元优惠的让步，可张先生还不满意。

客户："别说那么多了，只要能再便宜点我现在就可以定了。"

听到张先生说可以现在下定，王子璐很高兴。

王子璐："那再给您优惠 1000 元吧。"

客户："1000 元也算优惠？太没诚意了。不行，再多便宜些。"

02 错误话术及分析

错误话术 1：

销售顾问："可以再便宜 1000 元。"

分析 销售顾问让价过快，会让客户对价格的期望值提高，从而否定之前的承诺，再次进入无休止的讨价还价旋涡之中。

错误话术 2：

销售顾问："不好意思，真的不能再少了。"

分 析 这样的方式太过直白，直接拒绝了客户的降价请求，相当于是在下逐客令。

错误话术3：

销售顾问："价格不能再降了，但我们可以送您礼品。"

分 析 过早地拿出赠品，实际上是使自己降低了谈判底线。

03 思路讲解

这是典型的客户下最后"通牒"的议价情景。客户表示有购买诚意，但要求必须做出价格让步。这种时候，销售顾问一定要合理掌握价格让步技巧，太快让步和坚持不让都有可能导致失去订单。

常见的销售顾问的不当应对有以下三种：

（1）过于乐观直接让价

销售顾问听到客户说同意购买时，容易产生兴奋的情绪，这种情绪会导致销售顾问快速地向客户做出让步。销售顾问希望如客户所说，一旦让价马上就可以成交，但是，现实往往事与愿违。由于销售顾问让价过快，会让客户对价格的期望值提高，从而否定之前的承诺，再次进入无休止的讨价还价旋涡之中。

（2）习惯性地拒绝客户

讨价还价的环节拉得过长，容易让销售顾问产生一种惯性的拒绝思维，只要客户一提出便宜，习惯性地说 No。讨价还价，不仅仅是价格的博弈，更是心理的博弈。不同的时间，不同的环境，即使是同一个要求，销售顾问也要做出不同的应对方式。

（3）赠送礼品

用赠品抑制讨价还价是不错的策略，但前提是你能确定客户在接受赠品后不再继续讨价还价，在还没有确定之前，过早地拿出赠品，实际上是使自己降低了谈判底线。

面对情景中的最后"通牒"，销售顾问要把报价的底线掌握在自己的手里。客户要求再便宜点就下定。这个"便宜点"到底是个什么幅度，销售顾问并不清楚。给客户便宜 1000 元，客户可能觉得 5000 元才算"便宜点"，给客户便宜 2000 元，客户可能觉得 10000 元才算"便宜点"。因此，立即让价的结果就是你让多少，就失去了多少的价格谈判底线。

这时候，可以让客户先报底价，这样无论客户报出怎样的底价，至少他很难再在他已经报价的基础上再压价了，这时候销售顾问就掌握了报价的底线。然后，销售顾问再根据实际的利润情况调整让价幅度。

当然，有的时候客户也会博弈，不愿意主动报出底价，这个时候销售顾问一定要坚持，可以用一些夸张而幽默的话术再次引导客户。

当客户给出底价后，无论客户的底价是在我们的接受范围内还是接受范围外，销售顾问都不要马上做出同意和不同意的决定。如果快速地拒绝，可能会直接失去订单。如果快速地表示同意，又会提升客户对价格的期望值。这时候，销售顾问要做的还是控制住客户对价格的期望值，缩小客户的价格期望与我们的价格期望之间的差距，可以采用大吃一惊的方法。

这样的话，如果客户报的底价在我们的接受范围内，我们可以更加顺利地成交，也可以有机会让客户缩小降价幅度，提升我们的利润。即使客户报的底价超出了我们的接受范围，客户也可能因为期望值的缩小，重新报价。

04 优秀话术示例

优秀话术：

客户："再便宜点我就定了。"

销售顾问："张先生，您指的便宜点是便宜多少呢？在您心中，什么价格可以在今天马上成交呢？"

客户："便宜多少你说嘛！"

销售顾问："您不说想要便宜多少，我怎么能决定是否可以成交呢？我们领导每次都说再便宜点只能便宜 10 元钱，我要是给您便宜 10 元钱咱能成交吗？"

客户："便宜 10 元钱肯定不行，这样吧，便宜 1000 元我就定。"

销售顾问："便宜 1000 元？怎么可能呢？您开玩笑吧？"（吃惊的语气）

分析 让客户报底价＋大吃一惊的谈判策略。

问题 40 🎤

客户说"再便宜 3000 元我就定了",怎么办?

01 情景呈现

王子璐是明星汽车 4S 店的销售顾问。这一天,客户张先生前来购车。张先生选择了一款豪华轿车。经过几轮讨价还价后,张先生给出了最后的"通牒"。

客户:"别说那么多了,再便宜 3000 元我就定了。"

听到张先生说可以现在下定,王子璐很高兴。

王子璐:"那好吧。"

客户:"那你们还有什么礼品赠送吗?"

王子璐:"礼品没有了。"

客户:"没礼品送,那便宜 3000 元太少了,那你给我再多便宜点。"

王子璐:"您刚才不是说便宜 3000 元就定吗?怎么出尔反尔啊?"

02 错误话术及分析

错误话术 1:

销售顾问:"那好吧。"

分析 客户本来已经接受的价格预期,听到这句话,客户的期望值又一下子得到了提升,有可能会做出反悔或提出其他的需求。

错误话术2：

销售顾问："不能再少了。"

分析　任何时候都不要直接拒绝客户，这样也是在拒绝销售机会。

03　思路讲解

上述情景中的客户是一个可以成交型的客户，因为客户已经给出了谈判底线。如果3000元的让价幅度在我们的可接受范围内，就更是十拿九稳了。但是，销售顾问仍然不能掉以轻心，因为在价格面前，客户总是善变的。就如上述情景之中，如果销售顾问不去揣摩客户的内心，不对客户加以制约，过早地做出让步，客户还是会提出新的要求的。

常见的销售顾问的不当应对有以下两种：

（1）立即答应

很多销售顾问听说客户报出了底价，并且底价在我们可接受的范围内，为了能尽早成交，于是立即答应了客户。这个时候，客户对价格的期望值一下子又提升了，有可能会反悔或提出其他的需求。

（2）直接拒绝

任何时候都不要直接拒绝客户，这样也是在拒绝销售机会。

面对上述情景中的最后通牒，销售顾问已经有了客户的心里价位底线，并且也可以接受。这个时候只要放轻松，按以下三步策略进行谈判：

（1）感到为难，让客户让步

适当地做出一些为难的样子，这实际是在给客户一个心理的平衡。同时也可以利用机会缩小让价幅度，提升自己的利润。比如：

销售顾问："张先生，您这边确定今天能定，我一分钱不给您再优惠也不好意思，但3000元这个优惠幅度，真的是让我为难了。您看您能不能再让一步呢？"

这个时候客户就会感到 3000 元的让价空间确实比较大了。即使最后就是以 3000 元的让价空间成交，客户也会觉得值，感觉到占了便宜。而有些客户此时也会降低自己的心理防线，主动把让价幅度缩小。

（2）表示感谢，适当让步

此时，销售顾问仍然还要坚持为难的情绪，这样可以让客户更加确信这个价格已经非常低了。同时，销售顾问可以适当地降一点价格，对客户表示诚意。这个价格的幅度，一般来说可以与客户主动让价的幅度一致。比如：

客户："好了，好了，我再让一步，最后一口价，便宜 2000 元。"

销售顾问："张先生，我真想和您成交，但的确还是很为难，我们领导给出的优惠幅度就 1000 元啊。"（露出苦笑）

（3）礼品换价格

当价格幅度双方已经都无法动摇的时候，销售顾问可以适时拿出礼品，以礼品换价格的方式达成妥协。这样，一方面也许可以利用礼品减少我们的让价幅度，提升利润；另一方面，即使礼品策略不奏效，也可以制约住客户，在价格谈判完成后不要再有其他的要求。比如：

销售顾问："张先生，2000 元的价格优惠我的确不能给到您，但您既然这么有诚意，我可以帮您想一个和优惠 2000 元一样价值的方法。"

客户："什么方法？"

销售顾问："那我和您确认一下，如果您觉得合适的话，今天能定吗？"

客户："能。"

销售顾问："也不会再有其他额外的优惠或礼品要求了吧？"

客户："没有了。"

销售顾问："如果您今天就能定，并且价格上和礼品上都没有其他的要求了，我给您现金优惠 1000 元，再送您一个价值 1000 元的 30 次免费洗车服务，这样不也相当于给您优惠了 2000 元吗？"

赠送礼品的成本远远小于直接价格优惠的成本，但礼品一定要在确认下定时候再拿出来，否则会适得其反，让客户既要让价又要礼品。同时，礼品的价值要能以价格的形式反映出来，这样才能给客户更好的心理安慰。

04 优秀话术示例

优秀话术：

客户："再便宜 3000 元我就定了。"

销售顾问："张先生，您这边确定今天能定，我一分钱不给您再优惠也不好意思，但 3000 元这个优惠幅度，真的是让我为难了。您看您能不能再让一步呢？"

客户："好了，好了，我再让一步，最后一口价，便宜 2000 元。"

销售顾问："张先生，我真想和您成交，但的确还是很为难，我们领导给出的优惠幅度就 1000 元啊。"（露出苦笑）

销售顾问："张先生，2000 元的价格优惠我的确给不了您，但您既然这么有诚意，我可以帮您想一个和优惠 2000 元一样价值的方法。"

客户："什么方法？"

销售顾问："那我和您确认一下，如果您觉得合适的话，今天能定吗？"

客户："能。"

销售顾问："也不会再有其他额外的优惠或礼品要求了吧？"

客户："没有了。"

销售顾问："如果您今天就能定，并且价格上和礼品上都没有其他的要求了，我给您现金优惠 1000 元，再送您一个价值 1000 元的 30 次免费洗车服务，这样不也相当于给您优惠了 2000 元吗？"

分析 为难情绪＋用礼品换价格的优惠谈判策略。

问题 41 🎤

客户说"只要再便宜 1000 元，我就定，不然我就走了"，怎么办？

01 情景呈现

王子璐是明星汽车 4S 店的销售顾问。这一天，客户张先生来定车。王子璐接待了他。经过几轮讨价还价，双方都有些疲乏了。

客户："不多说了，只要再便宜 1000 元，能行我就要了，少一分我就走了。"

王子璐："真不行……"

王子璐话没说完，张先生转身准备出门。

王子璐："您等等，可以给您再优惠 1000 元。"

张先生并没回头，径直往门外走。

客户："我再看看，要的话我回来找你。"

王子璐："怎么答应不答应，你都走了呢？"

02 错误话术及分析

错误话术 1：

销售顾问："真不行……"

分析 客户性格直爽，不喜欢拐弯抹角，如果销售顾问再继续不让价，或者让出的价格达不到他的心理预期，客户可能会立即离开。

错误话术2：

销售顾问："那好吧。"

分析 立即答应，可能提升客户的期望值，让客户做出反悔的决定。

03 思路讲解

上述情景中是一个典型的在报出底价后，利用拒绝购买的心理讨价还价的客户。这类客户对产品已经没有其他异议了，只是希望价格能达到他们的心理预期。但是比起上一节情景中的客户，他们性格直爽，不喜欢拐弯抹角，如果销售顾问再继续不给出让价，或者让出的价格达不到他的心理预期，可能就会失去订单。但是，如果销售顾问立即答应，也可能提升客户的价格期望值，让客户做出反悔的决定。上述情景中的客户就是如此，销售顾问说是或否，都没能实现最后的成交。

面对上述情景中的最后"通牒"，销售顾问既不能马上答应，更不能立刻拒绝，而应该告诉客户自己在为他心目中的价格努力，但要为价格让步设置一些障碍，同时反复让客户承诺可以立即下定。

常用的销售流程如下：

（1）找一个合适的借口离开客户一小段时间，给彼此一个心理缓冲的时间

当客户要销售顾问立即用 Yes 或 No 作答时，销售顾问又不能明确表态，最好的方法就是缓解这一紧张的话题。比如可以找借口给客户再加些茶等理由，离开一两分钟。这样，既是给彼此一个心理缓冲的时间，同时也是可以利用客户独处的时间，降低客户的价格期望。

（2）利用幽默的话题让客户承诺可以立即下定

短暂的离开后回到客户身边，客户一般都会继续追问是否可以让价，这时候可以反问客户是否可以下定。但是不要问得太过生硬，可以用一些幽默

的话术。比如：

销售顾问："张先生，我猜您只是说说，我就是真给您再优惠 1000 元，您今天也不会立即下定。"

客户："你放心，只要能便宜我肯定下定。"

（3）告诉客户正在努力帮他达成让价的目标，但过程中要设置一些障碍

当客户做出承诺可以下定后，销售顾问可以告诉客户自己争取帮他达成让价的目标，但自己没有权利马上做决定。可以通过用计算器计算价格的方法设置障碍。比如：

销售顾问："唉……"（拿出计算器计算价格，同时摇头，叹气）

这都是既不做明确拒绝，又能降低客户价格期望的方法。

（4）提出向上级申请，但需要让客户交订金

通过各种计算方式，销售顾问自己都没有权利做出 1000 元的让步，就可以向上级去申请，但申请的条件是需要客户先交一部分订金，并承诺客户如果没有申请下来订金可退。这个在销售中叫作 TMD（T：Today，M：Money，D：Decide。）原则，意思是要求客户今天交订金并可以做出购买的决定。比如：

销售顾问："张先生，我自己实在没有那么大的权力给您让 1000 元，但我真心想帮您。您看这样，您先交 3000 元的订金，并且保证如果能优惠下来今天就购买，我拿着订金去向经理申请，要是申请不到，我再把订金退还给您。"

04　优秀话术示例

优秀话术：

客户："不多说了，只要再便宜 1000 元，能行我就要了，少一分我就走了。"

销售顾问："张先生，我先去给您再倒点茶。"（借故离开一分钟时间）

（倒茶回来）

客户："到底行不行啊，爽快点。"

销售顾问："张先生，我猜您只是说说，我就是真给您再优惠 1000 元，您今天也不会立即下定。"

客户："你放心，只要能便宜我肯定下定。"

销售顾问："您确定的话，我帮您想想办法。唉……"（拿出计算器进行计算，同时摇头，叹气）

客户："不行就算了。"

销售顾问："张先生，我自己实在没有那么大的权力给您让 1000 元，但我真心想帮您。您看这样，您先交 3000 元的订金，并且保证如果能优惠下来今天就购买，我拿着订金去向经理申请，要是申请不到，我再把订金退还给您。"

分析 利用承诺一致 +TMD 的方法进行价格谈判，并完成销售。

问题 42 🎤

客户说"向你们经理申请一下，
再优惠 1000 元"，怎么办？

01 情景呈现

　　王子璐是明星汽车 4S 店的销售顾问。这一天，客户张先生来购车，经过王子璐的推荐，张先生选择了一款当下热门的 SUV。经过几轮讨价还价，王子璐已经为张先生优惠了 3000 元，但张先生表示还要再优惠 1000 元。王子璐说自己没有权利给出这么大力度的优惠。

　　客户："帮我向你们经理申请一下，再优惠 1000 元呗。"

　　王子璐："好，我去试试。"

　　王子璐转身来到经理办公室，申请成功后，王子璐笑眯眯地出来。

　　王子璐："恭喜您，张先生，申请下来了，您过来这边付款吧！"

　　客户："我还要回家和太太再商量一下。"

02 错误话术及分析

错误话术 1：

销售顾问："我去试试。"

　　分析 在没有让客户做出承诺的情况下去申请价格优惠，很容易让自己陷入谈判的被动中。

错误话术 2：

销售顾问：“恭喜您，张先生，申请成功了。”

分析 销售顾问表现得太过兴奋，可能会让客户感到自己价格压得还不够低，提高其对价格的期望值，找借口做出反悔的决定。

03 思路讲解

客户主动提出让销售顾问申请价格，实际上距离成交已经八九不离十了。只要客户提出的价格在我们的可接受范围内，通常情况下都可以做到皆大欢喜。如果销售顾问能够合理地利用一些销售技巧进一步降低客户对价格的期望值，说不定还能降低让价幅度，为自身增加利润。但是，如果销售顾问的话术技巧运用不当，也会出现以下三种情况：

1）客户反悔。

2）客户不能立即做出购买决定。

3）客户继续提出让价要求。

申请价格几乎已经到了价格谈判的最后一个环节。从销售的角度来讲，价格的申请已经到了销售顾问的最后底线，价格申请成功，客户就必须立即成交。如果，在价格申请完成后，还无法立即让客户下定，那么销售顾问在后续的谈判中将处于极大的被动中，而且很容易失去订单。

因此，一旦当客户提出让销售顾问申请价格的要求时，销售顾问要谨记的三个目标就是：

1）让客户做出下定承诺。

2）让客户做出下定承诺。

3）让客户做出下定承诺。

没错，这里就是要让客户反反复复地做出下定承诺，至少三次以上，避免客户在价格申请后的一切不成交的理由。比如和家人商量、再考虑等。也可以让客户先交一部分订金，这样会更加稳妥。

当销售顾问从经理办公室申请价格出来后，无论申请成功与否（一般情况都是申请成功的），销售顾问都不能表现得太过兴奋，否则客户会感到自己价格压得还不够低，可能提高其对价格的期望值，找借口做出反悔。最好流露出一些沮丧的表情，这是迎合客户心理的表现，也是在向客户示弱，让客户心里感到平衡，觉得自己价格谈得好，占到了便宜。

04 优秀话术示例

优秀话术：

销售顾问："张先生，这我可不敢帮您去申请。"

客户："为什么？"

销售顾问："我们经理早就说过，这个价格是底价了，要是再低的价格就这样去申请，是要倒扣我 200 元奖金的。我想了个办法帮您，不知道您愿不愿意。"

客户："什么办法？"

销售顾问："您看这样，您先交 3000 元的订金，并且保证如果能优惠下来今天就购买，我拿着定金去向经理申请，要是申请不到，我再把订金退还给您。"

客户："那好吧。"（交订金）

销售顾问："那咱们说好了，如果 1000 元的优惠申请下来了，您今天就购买，而且不再有其他的条件了啊！"

客户："好。"

销售顾问："张先生，我可是担着被扣奖金的风险去帮您申请的，您可要说话算话。"

客户："放心吧！"

（从经理办公室申请出来以后）

销售顾问："唉，张先生，您真是谈判高手，您给的这是'勒脖子价'，经理说了不给您怕驳您面子。我坚持让他给您优惠 1000 元，结果他还要扣去我一部分提成呢！您这张单，就当和您交个朋友了。咱们去收银台付款吧！"

分析 优秀的销售顾问在价格谈判中申请价格前一定会让客户反复做出购买承诺，价格申请完成后必然向客户示弱，迎合客户，给客户足够的心理平衡感。

问题43 🎤

客户说"把礼品帮我折换成现金优惠吧",怎么办?

01 情景呈现

王子璐是明星汽车4S店的销售顾问。这一天,客户张先生来到店里定车。经过一番讨价还价,王子璐和客户把车价商定在298880元,并且赠送了张先生一套车载用品大礼包作为礼品。

客户:"车没问题,你看能不能把礼品帮我折换成现金优惠?"

王子璐:"抱歉张先生,公司规定礼品是不能折换成现金优惠的。"

客户:"规定是死的人是活的嘛,这个礼品对我没什么作用。"

王子璐:"张先生,您要是觉得礼品没用,可以选择不要,但是不能折换成现金。"

02 错误话术及分析

错误话术1:

销售顾问:"抱歉,公司规定礼品不能折换成现金优惠。"

分析 "规定"就是把责任推给公司,但是在客户的眼里,销售顾问和公司本就是一体的,完全没有说服力。

错误话术2:

销售顾问:"您要是觉得礼品没用,可以选择不要,但是不能折换成现金。"

分析 这是简单粗暴的拒绝，不仅没有说服力，还会让客户产生挫败感，产生对立情绪。

03 思路讲解

在汽车销售中，赠送礼品使用得非常多。赠送礼品的目的，一方面是为了提升客户的满意度，另一方面是通过礼品满足客户的心理需求，降低客户议价的空间。如果说，将礼品折换成现金，4S 店实际上就失去了赠送礼品的意义。这样的要求无论是什么行业的销售，都是不可以接受的。

面对客户不合理的价格异议要求，销售顾问的应对方式就是拒绝。但是我们都知道，直截了当地拒绝或表达愤怒与抱怨，不但不能解决客户的价格异议，反而会使客户反感，产生对立情绪。

因此，销售顾问需要通过一些话术技巧，既能够巧妙解决客户不合理的要求，又不会引起客户的反感，对最终成交构成影响。

常用的销售步骤如下：

（1）礼品的选择要满足客户体验

赠送礼品其实是一门很大的学问，礼品送得好不一定要多高的成本，但可以让客户有相当良好的体验感。有一家卖坚果的电商品牌叫"三只松鼠"，你在购买了他的产品后，他都会送你一些小礼品，比如开箱器、开坚果器、封口夹等。其实这些礼品的成本都不高，但带来的客户的体验很好，满意度很高，也不会有什么客户会提出把礼品折现的要求。

（2）礼品价值要做适当包装

这里我们谈到的价值，单单是指价格包装。不是说赠送一套价值 998 元的精美礼品这么简单。很多时候产品的价值未必是通过价格体现出来的，比如唯一性。这是客户无论花多少钱都未必买得到的稀缺性。"限量版"就可以成为很好的包装模式。这种模式在麦当劳、肯德基这些品牌用得很多。

（3）礼品赠送的时机要把握

在前面讲解议价的章节中，我曾反复提到，礼品是促成订单和提升客户满意度的重要工具，但不能成为客户讨价还价的砝码。因此，不要轻易拿出礼品，这样会丧失谈判底线。礼品的赠送时机非常关键。

一般来说，礼品赠送有三个比较合适的时机：

时机一：产品成交后赠送。
这个时候的礼品主要作用是超越客户的期望值，提升客户满意度。

时机二：价格谈判已完成，客户在成交前犹豫不决。
这个时候礼品的作用是"临门一脚"，促成订单。

时机三：价格最后一步坚持不下。
拒绝客户的降价要求，用礼品弥补客户的心理需求。

（4）对客户的要求表示理解

作为销售顾问，会认为把礼品折换成现金是不合理的要求，但站在客户的角度就未必这么思考。很多客户认为，我不要你的礼品就是在帮你节约成本，价格就应当便宜，对客户表示理解和尊重非常重要。

（5）为客户解释说明礼品和价格之间的关系

要得到客户的最终认可，合理的解释说明非常重要。

04　优秀话术示例

优秀话术：

客户："你看能不能把礼品帮我折换成现金优惠？"

销售顾问："张先生，您的心情我理解，如果能把礼品折换成现金当然更实惠，但是，我们的礼品都是购车后公司额外赠送的，一定要先定车后出礼品，如果折成现金了，购车合同都出不了，更别说礼品了。"

客户："规定是死的，人是活的嘛，这个礼品对我没什么作用。"

销售顾问："张先生，其实我也想把礼品折成现金给您，这样还能算我销售业绩呢！可是，这些礼品都是公司按数量配送的，您说折成现金折成多少合适，我们都不知道。其实，您别小看这个车载用品大礼包是赠送的礼品，作用可大着呢，您之前不是提到说喜欢去户外越野吗……"

分析 即使面对客户不合理的讨价还价，只要积极引导，就能迎刃而解。

问题 44 🎤

客户说"我和你们老板很熟，给我多些优惠"，怎么办？

01　情景呈现

王子璐是明星汽车4S店的销售顾问。这一天，一位客户张先生来购车。张先生此前来店看过几次车。

客户："小王，我与你们老板很熟，你要多给我一些优惠。"

王子璐对张先生不怎么熟悉，不知是否真的是老板的朋友，又担心得罪客户。

王子璐："张先生，这个我做不了主，要不您等我们老板回来再说。"

客户："哪有这么对客户的？"

02　错误话术及分析

错误话术1：

销售顾问："这个我做不了主，要不您等我们老板回来再说。"

分析　把难题推给老板，这才是老板最不想看到的。老板回来还是得降价啊。

错误话术2：

销售顾问："老板说过任何人都没有优惠。"

分析　这是太不给客户面子的话术了，而且如果客户和老板真是朋友，那就打了老板的脸。

03　思路讲解

在汽车 4S 店的销售中，遇到消费者提到自己与老板的关系好，希望能得到更大优惠的话题是屡见不鲜的。尤其是在一些中小城市，城市规模不大，4S 店数量有限，大多以熟人圈见长的社会关系中，提到和老板熟识，是常有的事情。

面对这样的话题，有些销售顾问，尤其是销售经验较浅的销售顾问往往拿捏不住，容易紧张。一方面，担心是对方在"欺骗"自己，过多地让了价格，影响利润；另一方面，又担心对方真的是老板的朋友，害怕得罪。最常见的错误应对思维有以下两点：

（1）不分青红皂白，直接拒绝

在任何情况下，对客户的要求直接给予拒绝，都很容易让客户产生对立的情绪。更何况对方声称是老板的朋友呢！这样会让客户觉得非常没有面子，甚至于失去订单。

（2）把难题交给老板

有些销售顾问一遇到这样的难题，索性撒手不管了，让老板帮忙解决。其实，这才是老板最不想看到的。

客户提出自己和老板关系熟识，或自称是老板的朋友，其实目的无非就是一个：**希望能得到更优惠的价格！**

我们在前面的章节中已经提到，客户要求价格便宜，其心里看重的并不是价格本身，而是一种比较后的"占便宜"的心理。因此，面对这样的客户，销售顾问并不难应对，只要让对方感受到自己因为是和老板熟悉，得到了更大的便宜就好了。

当客户提出自己和老板熟悉时，对于销售顾问来说，其实是一种机会。无论客户说的是否是真实的情况，但"熟识"的本身已经增强了彼此之间的信赖感，这个时候销售顾问只需要巧借这种信赖感，满足客户的心理需求就可以顺利完成应对了。

常用的销售策略如下：

（1）迎合客户

无论客户说的是否真实，都可以先去迎合客户，认可客户的身份。

（2）老板很忙

无论老板是否在店里，一定要强调老板目前很忙。这是在给自己和老板寻求谈判的砝码，因为老板一旦出面，其实还是让价，而且价格底线会更低。

（3）利用垫子消极暗示

可以强调一下其他客户也同样谈到和老板熟的话题，但多数都是按标准价格成交的。这是在给客户一种消极心理暗示，降低客户的期望值。

（4）给予特例

适当地给予客户一些象征性的价格优惠，让客户感觉到自己是得到了与众不同的待遇，提升客户内心的满足感。

（5）价格配合

如果客户要给老板打电话，让老板给出的让价幅度比销售顾问给出的还略高出一点点，这样特别能体现出销售顾问的诚意。

（6）互惠原则，借力打力

既然客户提出了和老板是朋友，那么可基于朋友给出了一定的优惠。基于朋友之间互相关照和理解的情谊，也借朋友之力快速成交。

04 优秀话术示例

优秀话术：

客户："小王，我和你们老板很熟，你要多给我一些优惠。"

销售顾问："张先生，原来您和我们老板是朋友啊，真是幸会。招待得不周，您多担待。"

客户："挺好的。"

销售顾问："不过今天真遗憾，我们老板比较忙，没在店里，没法亲自接待您了。不过，您放心有我在，一定比老板接待得更好。"

客户："那价格有优惠吗?"

销售顾问："不瞒您说，我们老板您也知道的，朋友多，朋友们也都帮忙照顾着生意，我们利润不高，普通朋友也都没有什么特别大的优惠。不过您和我们老板这么铁的关系，咱们今天又聊得特别好，子璐我给您一个老板特许价格再额外给您一个我每月唯一的特别优惠价，两个优惠合并送您，保证比您直接找老板优惠得更多。"

客户："真的吗?"

销售顾问："您要是不信，可以现场打电话给老板，看他给您多少优惠。据我所知，这款车老板的熟人价最大给过的优惠就是 1000 元。我这边再把我的每月唯一 500 元的优惠权限用上，给您一共优惠 1500 元。"

客户："这是最低价了吗?"

销售顾问："张先生，您是我们老板这么铁的朋友，咱们一家人不说两家话，肯定给您所有客户里的最低折扣。您也帮帮朋友的生意，赶紧成交了吧!"

分析 对于提出是老板朋友的客户，给足面子，借力打力，会获得意想不到的收获。

问题45 🎤

客户说"我是老客户介绍来的，
再给些优惠吧"，怎么办？

01 情景呈现

王子璐是明星汽车4S店的销售顾问。这一天，客户张先生来看车，王子璐给张先生推荐了一款紧凑型轿车，经过试乘试驾，张先生比较满意。但在谈到价格时，张先生提出自己是老客户介绍来的，要更多的优惠。

张先生："我是你们老客户介绍来的，再给我些优惠吧！"

王子璐："不好意思，刚才已经给您最低价了，就算是老客户再过来，价格都是一样的。"

张先生："那以后谁还会给你们介绍客户。"

02 错误话术及分析

错误话术：

销售顾问："很抱歉，我们的价格都是公司统一规定的。"

分 析 将不能降价的责任推卸给公司，让客户觉得冷漠无情，不够人性化。

错误话术2：

销售顾问："不好意思，就算是老客户再过来，价格都是一样的。"

分 析 这样表达，不仅得罪了新客户，同时伤害了老客户。

03 思路讲解

对于汽车销售而言，客户转介绍是一个重要的销售线索。每个人都有一张关系网，包括身边的亲戚、朋友、同事、同学等。销售顾问能让客户介绍身边的朋友来购买，比起自己开发全新客户可以降低很多成本。把握老客户及客户转介绍是销售顾问的重要能力之一。

对于汽车产品，客户特别喜欢用这张关系网。因为在客户的心目中，既然是朋友介绍，自然就希望能得到特别的对待。比如更加优质的服务、更多的尊重，以及更多的价格优惠。

对于销售顾问而言，有老客户的转介绍自然是很高兴的事。但是，面对客户的压价，如何去平衡价格成本与客户资源成本之间的关系就显得非常重要了。转介绍的客户不仅仅关系到客户的满意度，也关系到介绍人的满意度。销售顾问处理得好，三方皆大欢喜，若是处理得不好，说不定会失去两个客户资源。

有的时候，销售顾问为了表现公司的标准化和规范性，经常用统一定价、一视同仁来回复客户。其实，这不仅不能换来客户对经销商的好感，反而会让客户觉得不近人情。凭借着朋友的人情，满心欢喜地来询问能否有更多的优惠，被销售顾问一句没有人情味的话拒绝了，客户会感到难堪，回去说给介绍人听，介绍的朋友也会觉得面子挂不住。

通过对客户心理的分析，我们可以发现客户在店里选择了产品后，提出了是朋友介绍而来，他的行为说明他对产品和我们的店是信任的。他只是认为通过朋友的介绍而来，他和我们的关系更近，应该被视为重要大客户，希望得到更多的尊重与差异化对待。客户要优惠，也只是表面的行为表现，其潜藏的内在需求还是被认可、受尊重。

对于销售顾问而言，满足客户的这种被认可、受尊重的心理需求，比价格谈判的本身更重要。

常用的销售策略如下：

（1）询问介绍人

当客户提出是朋友介绍来的，销售顾问可以转向询问具体的介绍人是谁？

这样做一来可以确定客户是否是真实朋友介绍而来的，二来可以对转介绍人进行资料登记。

（2） 感谢客户及介绍人

提出对客户及介绍人的感谢，感谢他们对我们的信任。

（3） 答应赠送介绍人礼品

主动提出将为介绍人准备礼品赠送。这样做有三大好处：

好处一：表示对介绍人感谢和回馈。

好处二：适当制约客户的进一步讨价还价。

好处三：吸引客户再次转介绍。

（4） 适当地给予象征性的优惠

如果成本允许，可以适当给予客户象征性的优惠。因为这类客户大多是为了满足自己的存在感，希望得到一些"特殊待遇"。象征性的优惠可以实现两全其美。

（5） 赠送礼品并要求客户再次转介绍

可以利用赠送礼品超越客户的期望值，同时吸引客户再次转介绍。

04 优秀话术示例

优秀话术：

客户："我是你们老客户介绍来的，再给我些优惠吧！"

销售顾问："张先生，太感谢了。感谢您对我们的信任，既然是老客户介绍，我们一定给您最优质的服务和最优惠的价格。请问您是哪位老客户介绍来的呢？"

客户："为什么要问这个？"

销售顾问："因为既然是老客户介绍，为了表示对他的感谢，我们将专门准备一份礼品，事后赠送给他，所以请问是哪位介绍的呢?"

客户: "李总介绍的。那你能给我多少优惠啊?"

销售顾问: "张先生，您看我们有专门的客户转介绍优惠方案。这款车客户转介绍，我们一共有 1000 元的优惠送出，其中 500 元礼品送给您，500 元礼品送给李总。以后也欢迎您这边帮我们多介绍客户，您介绍来的客户，我们也会为您准备礼品赠送的。"

分析 面对老客户的介绍，充分让客户感到被尊重，有面子。同时不忘对老客户的回馈，鼓励客户也多转介绍。

第七章
CHAPTER

促销成交环节
——抓紧机会一击制胜

▼ **问题 46** 🎤 ▼

客户说"我再考虑考虑"，怎么办？

▼

01 情景呈现

王子璐是明星汽车 4S 店的销售顾问。这一天，客户张先生来店里看中了一款 SUV。经过王子璐的介绍，张先生对这款车非常满意，对价格也表示认可。

王子璐："张先生，没问题的话，咱们今天就把这款车定下来吧。"

客户："我再考虑考虑。"

王子璐："那好吧。"

张先生离开了店里，从此就再没有回来了。

02 错误话术及分析

错误话术 1：

销售顾问："那好吧。"

分析 不去引导客户的心理，默默等待客户提出成交，是很难有结果的。

03 思路讲解

汽车销售在完成了议价环节后，销售顾问就应当立即转入成交环节，快速形成订单。因为汽车品牌多，经销店也多，竞争非常激烈，如果不能做到立即成交，后续面临的竞争压力是非常大的。

销售顾问要想做好成交工作，首先，要学会在前期的销售流程中埋下成交伏笔。尤其是议价环节，我在前面的章节中讲到的 TMD 原则，就是在议价环节中为最终的成交事先埋下伏笔。

其次，要学会观察客户的成交信号，当客户发出成交信号时，销售顾问要及时提出成交请求，这样可有效避免客户犹豫过多。

常见的客户成交信号有以下几种：

1）客户的主要疑问得到了圆满的解决。

2）客户沉默一段时间。

3）没有新问题的时候。

4）客户了解以往签约客户的时候。

5）客户明确提出需征求他人意见的时候。

最后，客户在成交之前的那一刻，多多少少都会有犹豫的心理。他会想还有没有什么考虑不周全的地方，这是一种正常的心理，是人们的一种自我暗示。当客户在成交前提出顾虑或阻碍成交的观点时，销售顾问要及时了解客户的这种心理，并正确引导说服客户。不能只是默默地等待客户提出成交。通常情况下，客户是不会主动提出成交的。

清理成交障碍的方法如下：

（1）询问客户考虑的内容

当客户提出要考虑时，一定要问清楚客户究竟在考虑什么？是前面的销售环节，我们还有没做好的，还是客户产生了一些新的想法；然后根据客户考虑的内容制定话术，完成成交。

一般来说，客户需要考虑的因素包括：

因素一：产品的比较。

因素二：价格的比较。

因素三：家人的参考意见。

因素四：给自己更多的时间去思考。

（2）迎合客户

适当地迎合，称赞客户考虑周全，再度增强客户的好感度及被认同感。

（3）使用垫子

使用垫子，强调客户考虑问题的普遍性。

（4）使用促销技巧，让客户做出立即购买的决定

明确了客户的考虑内容，就可以使用销售技巧见招拆招了。

常用的促销技巧包括：

技巧一：从众效应法。

技巧二：假设成交法。

技巧三：稀缺效应法。

技巧四：利益诱导法。

在后面的章节中会详细讲解以上这四大促销技巧的运用方法。

（5）悲观暗示

要让客户立即做出成交的决定，不仅可以告诉他现在成交有什么好处，也可以告诉他推迟成交有什么不利。一些悲观暗示反而可以促进客户快速做出成交决定。

04　优秀话术示例

优秀话术：

销售顾问："张先生，没问题的话，我们今天就把这款车定下来吧。我带您去收银台。"

客户："我再考虑考虑。"

销售顾问："张先生，不知道您还在考虑哪些方面的内容呢？是之前子璐对产品的介绍，您还不满意吗？"

客户："产品没问题的。"

销售顾问："那是因为价格吗？刚才您不是说优惠了 5000 元肯定能定吗？"

客户："价格也没问题。"

销售顾问："产品、价格都没问题，那您考虑的是？"

客户："我想回家和我太太再商量一下。"

销售顾问："原来是这样啊，张先生真是一个对家人负责任的好男人。您家里面购车一定是您和爱人要共同决定吗？"

客户："也不是了，我就可以决定，只是我想让她帮我再参考参考。"

销售顾问："张先生，非常理解您的心理，我们很多客户也都希望能多听听家人的参考意见，毕竟多一个思路，多一份保障嘛！不过我记得您提到说，您这边是希望过年期间就可以用车，是吗？"

客户："是的。"

销售顾问："现在这款车在我们店里到年前只有最后一辆现车了，不仅仅是我们店，由于这款车销量特别好，估计全市现车都不多。我担心您现在不定下来，如果被人定走了，您年前可能就拿不到现车了，会影响您用车。"

分析　基于客户的顾虑，一步一步地探明顾虑的原因，有的放矢地使用促销策略，并配合悲观暗示法促成客户快速下定。

问题 47 🎙️

客户说"我不想这么快决定，还要再对比对比"，怎么办？

01 情景呈现

王子璐是明星汽车4S店的销售顾问。这一天，客户张先生来到店里准备购买一款越野车。张先生是户外越野驾驶的爱好者。王子璐根据张先生平时的用车习惯，为张先生推荐了一款专业级越野SUV。张先生对车表示满意，对价格也没有什么异议。

王子璐："张先生，那今天咱们就把这台车定下来吧，下周上完牌，您就可以和朋友一起出门参加越野挑战了。"

客户："我不想这么快决定，还想再对比对比。"

王子璐："不用对比了，我们这里是最好的。"

客户："光你说好不行，我得看看我们那群朋友的选择。"

02 错误话术及分析

错误话术：

销售顾问："不用对比了，我们这里是最好的。"

分析 武断的回答，难以取得客户的认同感。

03　思路讲解

一个人的消费行为往往有很大的群体倾向，表现在行为上就是从众。上述情景中的张先生在对于产品和价格都没有异议的情况下，仍然迟迟不能下决定，阻碍他下定的障碍就是从众心理。

人们在面对销售人员和产品的时候，普遍是缺少安全感的，会下意识地怀疑销售人员的可靠性，认为去购买那些少有人买或刚刚推出的新产品的风险太大。面对销售人员，他们需要不断地去找证据去消除这种不安全感，他们会不由自主地通过他人的行为去选择自己的行为。听说某款轮胎好，他们就愿意跟风购买。从众效应就是一种客户自发地寻找安全感的方式。

销售顾问此时只是简单地陈述自己所卖的车是最好的，是没有任何说服力的，一定要通过从众的促销话术来打动客户，激发客户立即下定。

从众效应促销方法的应用要注意以下几点：

（1）选用具有说服力的人或事作为说客

客户虽然具有从众心理，但是如果销售顾问举的例子不具有足够的说服力，客户通常是不为所动的。要想成功利用客户的从众心理实现成交的目的，就要尽可能地选择那些影响力较大的、比较有权威的老客户作为举例对象。

（2）说客越多越好

利用从众心理，说客不仅仅是销售顾问自己，而是越多越好。在条件允许的情况下，也可以让客户与自己信得过的老客户接触，为目标客户营造一个足以发生影响的积极氛围。

（3）建立起固有的高质量的老客户群体

一个成熟的销售顾问一定会有一些忠诚的高质量的老客户，在关键的时刻，这些老客户可以发挥出强于千言万语的促销作用。因此，在平时的工作中，销售顾问就要尽可能地对每一个客户服务周到，做好老客户的资料汇编，尤其是那些合作愉快的有价值的老客户。这样，当你需要老客户帮助的时候，才能迅速得到回应。

04　优秀话术示例

优秀话术：

销售顾问："张先生，那今天咱们就把这台车定下来吧，下周上完牌，您就可以和朋友一起出门参加越野挑战了。"

客户："我不想这么快决定，还想再对比对比。"

销售顾问："张先生，刚才您说产品和价格都没问题了，您还要对比什么呢？"

客户："我想听听，我那群朋友的意见。"

销售顾问："张先生，您尽管放心，大多山地越野爱好者都选择了这款车。您看，这是我们这个月的提车单，这个月才过了一半吧，您已经是我们这里第 7 位买这款车的客户了。您想，要是您一个人买了这款车，不适用的话，可能是您没选好，但是这么多客户都买了它，就说明这款车是绝对可以让您放心的了。"

客户："恩，网上评论还可以。"

销售顾问："当然了，产品好不好，不是我说了算，也不是公司说了算，客户满意才是好产品。既然这么多人都觉得不错，那自然就是好产品了。就像陈总，也是你们越野协会的，您认识吗？上个月他在这儿买的也是这款车。"

客户："是吗？"

销售顾问："是啊，您看，他的提车单还在我手上呢！不信您现在就可以打电话给他。这款豪华越野车最符合你们这些霸气总裁的气质了。"

客户："那好吧。"

分析　当发现客户的顾虑是出于从众心理时，合理利用从众效应的促销话术步步紧逼，有效说服客户立即成交。

问题 48 🎤

客户说"等过节再来看看"，怎么办？

01 情景呈现

王子璐是明星汽车 4S 店的销售顾问。这一天，客户张先生来到店里，王子璐接待了他。王子璐根据张先生的需求，推荐了一款经济型轿车。张先生对车也非常认可。

王子璐："张先生，那今天需要把这款车定下来吗？"

客户："我等过节再来看看吧。"

王子璐："您对车都这么认可了，为什么还要等到过节呢？"

客户："过节看看你们还有没有优惠。"

王子璐："别等了，过节时价格也是一样的。"

02 错误话术及分析

错误话术：

销售顾问："别等了，过节时价格也是一样的。"

分析 这样的回答表面看起来似乎是很无奈，其实非常强势，让客户觉得没面子，也无法触动客户下决心立即购买的欲望。

03 思路讲解

客户认为目前不是最佳的购买时间，提出"过节的时候优惠多，我还是等到过节再来看看"，产生这样的顾虑真正的原因并不是客户认为现在不适合购买产品，而是客户认为到了节假日商家会提供更多的优惠，自己得到的利益会更大，所以选择在过节再来看看。

客户的心理和购买行为是要最大限度地满足自己的利益。当销售顾问费尽心力完成了所有销售流程后，客户却因为希望获得更大的利益价值而选择暂时不购买，容易让销售顾问产生反感的情绪。但是，即便销售顾问告诉客户过节与否价格都是一样的，客户却未必买账。

客户虽然提出了这样的顾虑，但并不意味着客户一定拒绝现在购买，这表明客户已经接受了购买这款产品的建议，只是因为想获得更多的利益而拖延到过节罢了。

通过对客户心理的分析，我们可以发现，价格只是客户利益的一个要素，客户在考虑利益时考虑的是综合利益。客户之所以做出过节再看看的决定，是认为过节来看与现在购买在其他利益点上是一致的，但有可能因过节而获得更大的价格优惠利益。

如果销售顾问能通过有效的话术让客户感觉到，选择过节再来看反而会失去更大的利益，势必可以促成客户下定立即购买的决心。这个时候销售顾问可以采用假设成交法。在销售过程中，销售顾问在适当的时候假设客户已经同意购买，不再提成交或选择，而去描述当客户拥有了产品后的场景，叫作假设成交法。

我们知道，除了商品的价格之外，客户拥有产品的使用价值也是客户的重要利益点。通过假设成交法可以让客户更直观地看到现在立即购买产品的利益与延后购买产品失去利益的对比，同时也可以与价格要素进行权衡。

运用假设成交法促成交易有很多优点，这主要体现在以下几个方面：

（1）恰当运用假设成交法，可以将客户的成交意向转为成交行动

在洽谈中，客户随时都可能流露出各种成交意向。销售顾问运用假设成交法时，便可抓住时机把成交信号转化为成交行动，直接促成交易。

（2）合理运用假设成交法，可以减轻客户压力

运用假设成交法时，客户不是明示成交，而是暗示成交，避免了直接施

加成交压力，把销售顾问的提示转化为客户的购买提示，这样就可以大大地减轻或消除客户的成交心理压力。

（3）　灵活运用假设成交法，可以提高成交概率

运用假设成交法，销售顾问便可以主动缩短推销面谈时间，迅速把成交信号转化为成交动力，假设客户已经决定购买产品，直接促成交易，节省了推销时间，提高了成交概率。

04　优秀话术示例

优秀话术：

销售顾问："张先生，那今天需要把这款车定下来吗？"

客户："我等过节再来看看吧。"

销售顾问："您对车都这么认可了，为什么还要等到过节呢？"

客户："过节看看你们还有没有优惠。"

销售顾问："张先生，您的心情我理解。但是，我可以肯定地告诉您，如果要等优惠，过节的价格只会更高，因为这款车厂家已经开始提指导价了，这是我们的订货单，您可以看一下。我听您说，您是希望过节开这款车回老家，是吗？"

客户："是的。"

销售顾问："您看，我们这款现车非常紧俏，您今天下定，也要几周后才能到货，还要上牌买保险，刚好过节前可以给您交车。到时候您开着车，回到老家，在朋友面前多么拉风啊！如果等到过节再来，价格提升了不说，重点是拿不到现车啊，想上牌车管所也放假了，过节时肯定是来不及让您开车回老家的。"

客户："这样啊。"

销售顾问："是的，不要犹豫了，现在就定吧！"

分析　使用假设成交法，凸显了客户立即拥有产品后的利益，再配合上产品的稀缺促销法，让客户通过利益对比果断决定立即成交。

问题 49 🎤

客户说"我再和家人商量商量"，怎么办？

01 情景呈现

王子璐是明星汽车 4S 店的销售顾问。这一天，客户张先生已经是第四次来到店里了，此前还和张太太一起来过。张先生看上了一款白色的 SUV。这一次，张先生已经确认了要下定，王子璐也给了张先生一个非常优惠的价格。

王子璐："张先生，没问题的话，我们今天就定下来吧，我带您去交订金。"

客户："我再考虑一下。"

王子璐："产品和价格，您都没问题了，您还要考虑什么呢？"

客户："我再和家人商量一下。"

王子璐："您都来了四次了，男人就爽快点嘛，再商量车可就没货了。"

02 错误话术及分析

错误话术 1：

销售顾问："男人就爽快点嘛。"

分析 我们可以理解销售顾问的急迫心情，但这是贬低人格的语言，万万不可使用。

错误话术 2：

销售顾问："您那么喜欢就别商量了。"

> 分析 这种回答空洞无力，对客户没有说服力。

错误话术3：

销售顾问："好吧，等您商量好了再来。"

> 分析 商量好了可能就再也不来了，没有抓住客户的内心快速成交。

03 思路讲解

对于多数客户而言，购买汽车类的产品是需要多方考察的，也需要综合多方意见的。因此，客户会提出要和家人商量暂缓成交。销售顾问首先还是要分析客户的心理，其实客户提出和家人商量不外乎以下三种原因：

1）客户想到其他家再去对比，不好意思说出口，于是拿家人当挡箭牌。

2）客户认可产品，但还希望获得更多的优惠，客户以此故意拖延时间。

3）客户认可产品，但对细节部分还是没有把握，希望征求他人的意见。

销售顾问在处理这种问题时，首先要理解客户的做法，然后找出客户要商量的真实原因，根据不同原因，采取不同的处理原则。

如果是第一种原因，销售顾问要重新回到探询需求的环节，为客户推荐更合适的产品。

如果是第二种原因，销售顾问则要回到议价谈判的环节，按照价格谈判的技巧去应对。

如果是第三种原因，销售顾问则可以提出一些理由，尽量让客户不用商量就决定下来。

其实，无论是哪种原因，客户的潜台词都是他需要更多、更充分的理由去说服自己，让自己确信现在就应该购买，而不是以回家商量来确定购买信心。这时候，销售顾问可以采用稀缺效应的方法。

物以稀为贵，越是不容易得到的东西，客户越是觉得物有所值，越想要拥有。那些特别的车牌号码总是能够拍卖出让人瞠目结舌的价格，就是基于这种心理。作为人性的一种欲望，销售顾问要学会善加利用，将自己的产品塑造成一种稀缺的商品，就可以产生很好的成交效果。

对于汽车后市场产品而言，可以制造产品稀缺的话题太多了，比如：

1）产品稀缺。

2）型号稀缺。

3）颜色稀缺。

4）优惠稀缺。

5）礼品稀缺。

总之，客户在乎什么，什么就可以被制造得越稀缺。当然，这种稀缺要介绍得有理有据，不要夸大其词，否则反而会让客户不相信。

04 优秀话术示例

优秀话术：

销售顾问："张先生，没问题的话，我们今天就定下来吧，我带您去交定金。"

客户："我再考虑一下。"

销售顾问："产品和价格，您都没问题了，您还要考虑什么呢？"

客户："我再和太太商量一下。"

销售顾问："张先生，您真是一个好丈夫，您有这种想法我很理解。毕竟买车对于一个家庭来说也是一件大事，与太太再商量一下，多做一些考虑，这样买了才不后悔。不过我记得您提到希望过年期间就要用车是吗？"

客户："是的。"

销售顾问："现在您看上的这款车实在是太抢手了，我们店里年前这个颜色的车只有最后一款现车了。而且我听同事说，还有客户正想定呢。我担心您现在不定下来，如果被人定走了，您年前可能拿不到现货，会影响您用车啊。"

客户："我商量一下明天定吧，应该不会这么快定走吧。"

销售顾问："这真不好说。还有一个就是刚才给您谈到的价格优惠，也只剩最后一个名额了，我费了好大劲才帮您争取到，明天定，厂家活动结束了就没有这么合适的价格了。不如这样，您先交5000元的订金吧，我把车和优惠名额给您保留着，您商量好了就来交全款提车，即使太太反对，您回来我把订金退给您，这样不就两全其美了吗？"

客户："好吧。"

分析 客户越在乎什么，什么就越稀缺，经过对比，让客户确信现在就应该购买。

问题 50 🎤

客户说"我才来一次就下定
是不是太冲动了",怎么办?

01 情景呈现

王子璐是明星汽车 4S 店的销售顾问。这一天,一位 30 岁左右的客户陈小姐来到店里。陈小姐是第一次到店,一眼就看上了一款敞篷的跑车。王子璐与陈小姐相谈甚欢,经过一番讨价还价,陈小姐决定现场下定购买。就在王子璐拿来订车合同的时候。

客户:"我才来一次就下定,是不是太冲动了?"

王子璐:"不会啊,每个人买车都有做决定的时候,一点都不冲动。"

陈小姐笑了笑。

客户:"你是销售,你肯定这样说了。"

02 错误话术及分析

错误话术 1:

销售顾问:"不会啊,每个人买车都有做决定的时候。"

分析 这样的回答说服力不强,让客户感到是销售急于让客户购买才这样说的。

错误话术 2：

销售顾问："是有点冲动，但没有关系啦。"

分析　客户正是因为觉得冲动，才提出了阻碍立即成交的理由，销售顾问这一肯定，又没有给出合理的理由，正好给了客户一个重新考虑的借口，很可能会推迟购买，甚至放弃购买。

错误话术 3：

销售顾问："你自己做决定吧。"

分析　这可不是尊重客户的选择。相反，这样的回答属于非常消极的回应，大大打击了客户的购买信心和热情，可能直接导致失去订单。

03　思路讲解

客户在做出最终的购买决定时，心理上常常都会有一些犹豫和焦虑，尤其是来一次就准备下定，更是害怕自己做出错误的决策。因此，上述情景中的问题是一个既让人欣喜又非常棘手的话题。

客户来一次就准备成交，这对于销售顾问而言是万分的欣喜。而就在签单付款前的一刹那，客户提出："我才来一次就下定，是不是太冲动了?"的异议，这个时候销售顾问简单地回答"是"或"不是"，恐怕都难以成交这张订单。

因为，如果销售顾问承认客户是冲动的，又不能给出合理的理由，那就意味着客户确实应该再详细考虑考虑才能下决定。如果否定这样的冲动，又显得明显是因为销售顾问急于成交而给出的违心的答案。

因此，这个时候销售顾问要做的，不是简单地回答客户，而是要给客户一个能让其果断做出立刻下定的理由。

常用的销售策略如下：

（1）迎合客户

迎合客户，就是肯定客户的冲动。

（2）使用垫子

告诉客户买这款产品的客户都是冲动的，强调普遍性。

（3）称赞客户

在肯定客户冲动的同时，要对其给予称赞，称赞其冲动的价值，这是激发客户的虚荣心的有效方法。

（4）呈现利益点

对于客户冲动的肯定，要及时给予理由去支持，告诉客户冲动给他带来的利益是远远大于长时间思考的。

（5）正反对比

因为冲动是客户消费能力的体现，用一些想冲动而消费能力不够的客户去做正反两个方面的对比，更大地激发起客户的被认同感和存在感。

（6）场景冲击

客户冲动后的利益，不仅要讲出来，更要看得见摸得着。利用场景冲击，引发客户的美好想象，激发其购买欲望。

04 优秀话术示例

优秀话术：

客户："我才来一次就下定，是不是太冲动了？"

销售顾问："陈小姐，当然冲动了！买这款跑车的客户有几个不冲动的呢？我们这款车这么漂亮的外观，就是希望您"一见钟情"。您之所以冲动，那是因为您有为自己冲动买单的财力，您不知道有多少女人看了这款车，想冲动却没有支付能力啊！拥有豪车，就是一种豪华的冲动。人生就是因为有了这样的冲动，生命才更加富有激情啊！"

客户："你真会说话。"

销售顾问："陈小姐，想象一下，当您黄昏时分，开着这白色的豪华跑车行驶在海边的公路上。宽阔的海面上白帆点点，夕阳洒在您的爱车上，也洒在您美丽的容颜上，海风吹起您的长发，轻轻浮动，路边的男士都被您的美丽打动，驻足观看，这是一种多么浪漫又美妙的感觉啊！"

客户："好！我要的就是这种感觉，现在就定！"

分析　塑造客户的优越感，给她一个为自己冲动买单的理由。同时，利用场景冲击，引发客户的美好想象，激发其购买欲望。

后 记

中国人初次见面，往往喜欢问一句"你是哪里人？"而每每遇到这样的问题，我都会非常尴尬。一个普通人很容易回答的祖籍问题，对我来说却是一个非常模糊的概念。我生长在新中国的一个汽车世家，祖孙三代人都从事汽车事业，随祖国的汽车事业走南闯北。在汽车企业里生，在汽车企业里长，没有乡音，没有故土。到了我这一代，已经全然不知自己算是哪里人了。

1953年，我的祖父母和外祖父母那一辈人，分别从祖国的各地来到吉林的长春。在那里，他们参与建设了第一汽车制造厂，亲手生产装配了新中国的第一辆汽车——解放牌汽车。同时，我的父母那一辈人也在那里诞生了。

为响应国家支援三线的号召，1969年，祖父母和外祖父母又举家搬迁到了湖北的十堰。在一个小山沟里，一座汽车城拔地而起，这就是第二汽车制造厂，也是今天的东风汽车公司。在那之后不久，我的父母在十堰参加了工作，同样投身于汽车产业，成为新中国第二代汽车人。而我，也就在那里诞生了。

于是，从幼儿园到小学，从小学到初中，从初中到高中，我便在汽车城的大院儿里成长起来。身边的同龄伙伴们也和我一样，因为我们的父母或是祖父母都是来自祖国各地，所以大家都没有自己的乡音，也都模糊了自己的故土。

大学毕业，我来到广州安家落户。此时，已是中国乘用车行业蓬勃发展的年代，合资品牌的车企应运而生。在广州加入东风日产后，我负责市场营销工作，荣幸地成为新中国第三代汽车人。

从长春到十堰，从十堰到广州，近70年来，我们这个家族投身新中国的汽车事业，奋斗在祖国南北。虽然对故土、乡音的记忆已模糊，让我很难回答自己是哪里人，但我可以很自豪地告诉你，我是汽车人。

离开东风日产成为一名职业培训师后，我开始还非常担心自己会逐渐远离汽车行业。然而，后来才发现，自己和汽车行业的缘分才刚刚开始。过去在汽车企业里做营销管理的时候，我只是与一个汽车品牌有缘。而从事职业培训师的五年来，我有幸以一个传道者的身份和更多的汽车品牌都进行了亲密接触。五年的职业培训师生涯期间，我走遍了全中国，穿越过一二线都市的斑驳霓虹，也静寂于五六线小城镇的纯净朴实。

在汽车行业，我是幸运的，我亲历了从当初的"捷达""富康""桑塔纳"这老三样，到如今铺天盖地的汽车广告的时代变迁；在汽车行业，我是幸运的，我无数次感受到中国老百姓拥有属于自己的第一辆家用车的幸福；在汽车行业，我是幸运的，我见证了汽车经销商网点的风发泉涌，也见证了汽车从业者的快速成长。

从2013年开始，我编著的一系列汽车营销书籍陆续出版。写作的初衷，正是出于三代汽车人的那份情怀。一路走来，我把汽车行业前辈们的智慧结晶和奋战在一线的兄弟姐妹们的宝贵经验结集成册，整理成书，为新中国汽车产业留下应有的记录，而我只是在扮演知识传递和智慧整理的小小角色中欣喜不已。

2019年是中华人民共和国成立70周年。在新中国汽车产业的征程中，我的这本书，只是沧海一粟。在致力于实现中华民族伟大复兴的中国梦的今天，汽车产业也正在继往开来、不断前行。谨以此文作为新书的后记。我的这本书能在为实现"两个一百年"奋斗目标而努力的中国，为汽车产业发展尽一份绵薄之力，便是此时我最大的梦想了。

汽车梦，中国梦！